心地よく、ていねいに、ゆとりを楽しむ これからの暮らし方

門倉多仁亜

はじめに

これを書いている現在、鹿児島に移り住んでもうすぐ一年になります。大都市にしか住んだことのなかった私ですが、いつの間にかここの暮らしのペースに馴染んできました。ベランダに座ってお茶を飲みながら庭を眺めていると、飽きることなく何時間でもそこにいられるような気がします。

東京にいた頃の暮らしを思い返すと、当時はいつも忙しく、何をするにもバタバタしていました。たとえば掃除機をかけるときでも、できるなら1分でも1秒でも早く終わらせたい、という気持ちでした。あれはなんだったのでしょうね？　今はゆっくり掃除機をかけるようになりましたが、不思議と慌てて作業していたときとかかる時間はそれほど違わないように思います。人間っておもしろいですね。今までは忙しくしている自分が好きだったのでしょうか？　若さもあったと思います。でもそれよりも、大都市に住んで家賃を払うことを考えると、それくらい頑張らないといけない、今の経済の仕組みの宿命なのかもしれません。

コロナ禍で人々の暮らしは大きく変わりました。私のように急にスローダウンすることになった人もいれば、逆に今まで以上に忙しくなった人もいます。新型コロナウイルス収束のためにさまざまな分野で努力してくださっている方々には、感謝するばかりです。気軽に人と会えなくなると、自然とひとりで考える時間が増えました。何が本当に大事なのか、はじめて立ち止まって考える時間が与えられたような気がします。家族や友人の大切さ、健康の貴重さ、帰る家があることのありがたさ。そして個人レベルだけでなく地球規模でいえば、コロナ禍以前の経済活動に戻ってしまうと地球は危ないのではないかと、心配せざるを得ません。みんなで考え方や生き方を変えていかなければならない時期なのかもしれませんね。

そんななか、偶然が重なって私は鹿児島県の大隅半島にある、自然豊かな鹿屋市に住むことになりました。年齢を重ね、環境も変化していくなかで、新しい暮らしを楽しみ、充実したものになるように日々行なっていることや、考えたことをあれこれ綴りました。共感していただける部分もあれば、逆にそれは違うかなと思う部分もあるでしょう。いずれにしても、何かのヒントになれば嬉しいです。料理教室を再開したら、みなさん、ぜひ鹿屋まで遊びにきてくださいね！　いろいろな方に直接お会いして、暮らしについて、人生について、おしゃべりできる日を楽しみにしています。

もくじ

2章　心地よい住まいのつくり方

3章　自然体のおしゃれと、体を整える食事のはなし

4章　ご機嫌に過ごすためのトリセツ

5章　自分らしく考える〝これからの暮らし〟

写真／安彦幸枝

デザイン／川村哲司（atmosphere ltd.）

1章

新しい
暮らしと習慣

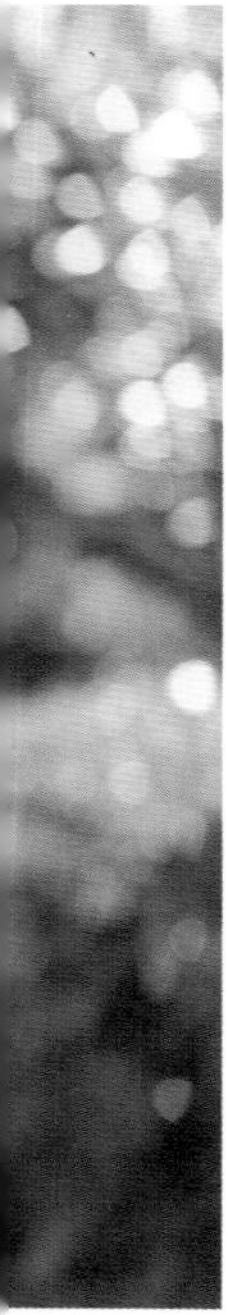

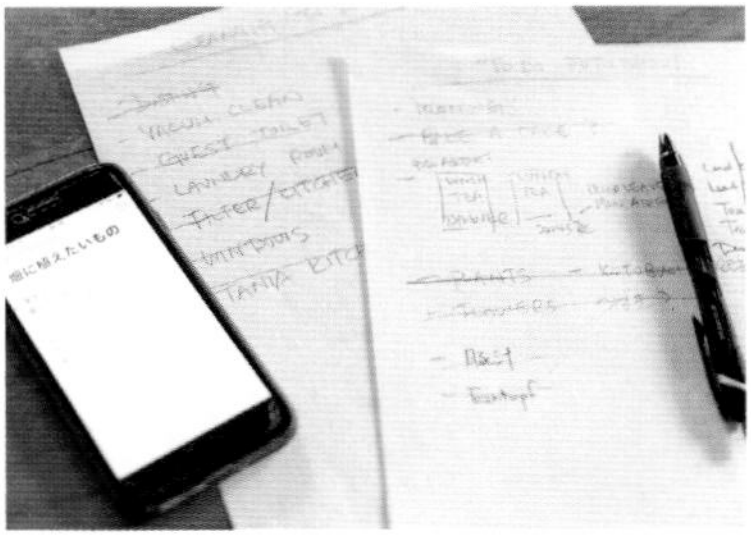

止まれ

東京から鹿屋へ

10年以上前、夫の実家がある鹿児島県鹿屋市に今の家を建てました。その経緯は、それよりもずっと前に、これから住む家をどうしようかという話になったのがきっかけでした。このまま賃貸暮らしを続けるのか、それとも仕事場のある都内にマンションを買うのか、でも都内は高いから関東近郊の素敵な街を検討すべきなのか。夫婦であれこれ話し合った結果、夫はどうしても一軒家に住みたいという希望でした。そして家を建てるなら「周りの人たちと繋がりのある土地に建てたい」という気持ちになり、最終的には夫の実家の敷地内に建てることになったわけです。ですので、いずれは鹿屋に住むことになるとは思っていました。でも、それがいつかは特に決めていなかったのが、2020年、唐突に決断を迫られました。

夫は数年前に定年退職して、一足先に鹿屋で暮らしていました。私はふたりで住んでいた東京のマンションにそのまま住み続け、そこで料理教室などの仕事をしていました。お互い東京と鹿児島を行き来しながら、一緒にいたり、ひとりの時間もあり、都会も田舎も満喫できるライフスタイルです。今から思えば、自由でいいとこどりの贅沢な時間でした。でもそれだけではなく、東京に住むということは私にとってもうひとつ重要なポイントがありました。それは、東京で暮らす両親にいつでも会える安心感です。

しかし2020年2~3月頃から新型コロナウイルスの感染拡大があり、政府が不要不急の自粛要請を出しました。それに従って私も3月の料理教室をキャンセル。しかし1カ月経っても感染の拡がりは治まらず、結局4月から9月までの料理教室もすべて中止することになりました。

仕事がなくなった3月、とりあえず鹿屋へ帰りました。そしてそれが結果的に、はじめての長期滞在となりました。東京に戻れたのは県をまたいでの移動制限が解除された6月中旬頃。東京へ帰ったものの、仕事もないのに東京のマンションの家賃を払い続けることは困難と判断し、8月末に鹿屋へ引っ越しすることになったのです。

人生は何があるかわからないと言いますが、本当にその通りですね。幸いにも私はすでに田舎に帰れる家がありました。また、偶然にも2019年に、夫の実家の跡地に料理教室用のアトリエを建てていました。ただ、少しずつ生活の拠点を鹿児島へ移していこうと思っていたのが、一気に田舎ライフに。私の新しい冒険はこうして始まりました。

ご先祖に手を合わせる

鹿屋へ引っ越してきて変わったことといえば、一軒家に住み始めたことと、家に仏壇があること。少し前に夫の実家を取り壊したため、我が家で仏壇を引き取りました。家の中で収まりのいい場所が見つかり、毎日、仏壇に手を合わせるのが新しい習慣です。朝のお茶入れは私より早く起きる夫がしてくれますが、花を替えたり、お供え物をしたりするのは、今までになかった新しい経験です。小さなお皿に自分たちが食べるものをおすそ分けし、仏壇に供えるのは、なんだか微笑ましくて素敵な習慣だな～と感じています。

そして、もうひとつ増えたのがお墓参り。鹿児島では、みなさんご先祖を大事にしていて、頻繁にお墓参りに行きます。我が家は週に一回。今までは隣に住むお姉さんにまかせていましたが、私が引っ越してきてからは交代で行くようにしています。お墓の花を上手に整えるのは意外とセンスが必要で、私は花を買う段階ですでに迷ってしまいます。お墓参りに行ったとき、ほかのお墓の花をチェックしてみると色合いや花選びに個性が光る人もいて参考になります。お姉さんは花も育てていたりするのですが、私はまず新たな習慣に慣れることに集中しています。

花を飾って彩りを添える

植物が置いてあると部屋の雰囲気がガラリと変わりますね。観葉植物でも花でも、生きたものがそこにあるだけでいいものです。引っ越してくるまで鹿児島の家には月に一週間程度の滞在だったため、植物を家に置くのはあきらめて、華やかさをプラスしたいときは花を生けていました。でも、これからは長く住むことになるので、観葉植物を取り入れてみようかと検討中です。冬はあまりそういう気分にならなかったのですが、春が近づいてくると気持ちがグリーンなものにひかれ、何がいいかを考えている最中です。

私にとっての条件は、手入れが楽なもの。水やりも毎日ではなく、週に一回程度でOKの植物が一番心地いいと思い、まずは東京でも育てていたセロームを買ってみました。日当たりなどによっても育ち具合が違うので、様子をみながら次の植物選びの参考にします。

ほかには、花もいくつか飾っています。今の玄関は下駄箱の上にスペースがあるので、そこに何か季節の花を生けてあると素敵ですよね。秋には長い間、近くの道の駅で見つけた鉢植えの小さな蘭を置いていました。お手入れがほとんど必要なく、長い間きれいな花を咲かせてくれました。年が明けてからは庭に咲いている水仙を生けたり、夏から秋には、お姉さんの畑に咲いている花を摘ませてもらって飾ることも多いです。一番好きなのは百日草とアメジストセージ！　私も種をまいてみたいな〜。

春に向けて球根類もたくさん仕込んでいます。ドイツでは球根類は長い冬を乗り越え、春の訪れを象徴するものだからか、どうしても惹かれてしまうのです。水耕栽培のヒヤシンスは花瓶にのせ、庭の一カ所に数種類の球根も植えました。そして、それらが失敗する確率も十分にあるので、年が明けてからはすでに育ち始めているヒヤシンスとムスカリの球根を買ってきて、それぞれお気に入りの鉢に植えています。

花を飾るのを難しく考える必要はありません。好きな花を一輪、お気に入りの花瓶かグラスに生けるだけ。鹿屋だと庭がなくても無人販売の花屋があるので、何かあればいますねで買ってきて楽しんでいます。本当はお墓に供えるための花なのでしょうが、そんなのはお構いなし。きれいな色を部屋に添えたいだけなので、好きな花を飾って楽しめばいいと思っています。

朝のリセット家事で一日を気持ちよくスタートする

朝の過ごし方で一番変わったのは起床時間です。私が起きるのはゆっくりめの7時頃。対照的に夫は自然に早起きするタイプのようで、いつも6時前には起きて、仏壇にお茶を供え、ひとりで朝食を食べています。それぞれが体の自然なリズムに合わせて朝を迎えられるなんて、こんなに心地いいことはないですね。東京に住んでいたときは、毎朝やむを得ず4時30分に起きて、5時過ぎには車で夫を会社まで送る日々。あの頃は体力もありました。

新しい生活になって起きる時間は遅くなりましたが、朝にすませたい家仕事は基本的に変わっていません。水周りの掃除とものの片づけと、たまったホコリの掃除。毎朝、家をリセットすることによって、気持ちも新たに一日を迎えるイメージです。

最近の朝のルーティーンは、まず仏壇に手を合わせます。コーヒーを淹れて、新聞を片手に軽い朝食をとり、一段落したら身だしなみを整え、歯磨きついでに洗面台周りを拭きます。ベッドルームのカーテンを開け、天気がよければ窓や玄関のドアも開けて空気を入れ替えます。夫がまだしていなければベッドメイキングをして、それから簡単な片づけです。

家中を歩いて出しっぱなしにしているもの、たとえば前の晩に置いたままのワイングラスがあれば流し台に持っていきます。ソファのクッションを整えたり、昼寝用のブランケットを畳み直したり、ダイニングの椅子を整えたりします。そのあと洗濯機のスイッチをオン。キッチンにたまった洗い物をすませたら、流し周りの水しぶきを拭き取って、ついでにダイニングテーブルも拭きます。

そして最後に床掃除。東京のマンションはカーペット敷きでホコリが目立たず、掃除機かけは週に一回で十分でしたが、今の家は全室フローリングなのでホコリが目立ちます。毎日やるのは大変ですが、少なくとも一日おきには家具と床のたまったホコリを掃除して、週一回くらいカーペットに掃除機をかけています。

このルーティーンを終える時間は、東京にいた頃と同じ9時くらいが目安です。パーフェクトを目指すのではなく、その時間に突然誰かが来ても「まあこれくらいなら見られても大丈夫かな」という状態であればよいのです。

ちなみに夫が率先してやってくれる朝の家事は、ゴミ捨てとトイレ掃除。なんとありがたいことでしょう！　庭仕事もやってくれますが、ハーブや野菜を植えている畑があるので、これから私も参加したいと思っています。

お互い無理せず、心地よく、家事分担する

東京で暮らしていたとき、夫はほとんど家事をしていませんでした。なぜなら、多忙で時間がなかったからです。彼は朝5時にはオフィスに出社して、帰宅は19時過ぎという生活。家では晩ごはんを食べて少しくつろいだら、すぐに寝ないといけないという、今思い返せば大変な日々でした。彼が一日中オフィスにいるのに対して、私の仕事はフリーランスで時間に縛られることは少なく比較的自由だったので、家事は私が引き受けていました。

その後、夫が定年退職して先にひとりで鹿屋に暮らすようになってから、暮らし方が大きく変わりました。ひとりで住んでいれば、夫も自分で家事をせざるを得なくなります。隣に住む姉夫婦が食事の差し入れをしてくれたようですが、毎食というわけにもいきません。起きたらベッドメイキングをして、掃除機をかけて、洗濯して、ト

イレ掃除をしてと、自分なりに家事のルーティーンを作っていました。
そんなこともあり、私が鹿屋で一緒に住むようになってからも、自然と夫は家事を手伝ってくれます。料理は私の担当ですが、ときどきお昼に炭火をおこしてお餅を焼いてくれたり、キッチンで焼くと部屋が臭くなりそうな鯖の一夜干しなども、炭火でバーベキューのようにして焼いてくれます。肉や魚は炭火で焼くと、やっぱりおいしいですよね。冬はできませんが、暖かい季節に冷やした白ワインを片手に炭火で焼くのはなかなか楽しいものです。

話がずれました。料理以外の家事に関して、夫は「できる人がやればいい」という考え方のようで、とてもありがたいです。私は体質的に朝が弱く、夫は朝からテキパキ動くのが得意なので、朝の仏壇のお茶入れやベッドメイキング、トイレ掃除は彼がしてくれます。そして、夫がゴルフの打ちっぱなしの練習に出かける7時30分頃から私が動き出して洗濯をしたり、掃除機をかけたりするスタイルに自然と落ち着いてきました。

現在はお互いにフルタイムで仕事をしているわけではないので、家事も「どうしてもやらなければならない仕事」ではなく「気がついてできる人がやればいい」という、ゆるいスタイルが心地いいと感じています。一軒家に住むと、マンションにくらべて掃除や家の手入れなども増え、家事の量がとても多くなるので、ふたりで助け合いながらできるのが一番ですよね。家事は女性の仕事と思っている人もいるかもしれませんが、そんなことはありません。女性も男性と同じように年齢を重ね、さまざまな作業がきつくなっていきます。夫が会社を定年退職したように、妻が家事を定年退職することはできません。そういったことも忘れず、相手には考慮してほしいといつも思います。日々の生活は、一緒に暮らす人が助け合い、補い合いながら作り上げるものです。誰が何を分担するかはもちろん人それぞれですが、老後は無理せず、心地よく、助け合いながら暮らしていきたいですね。

また、家事分担で思い出すのは両親のことです。高齢の母は体力が落ちて料理を作るのがきつくなり、献立を考えたり買い物に行くのがもうできないと言い出したのです。そこで両親は別々に朝食をとることにしました。すると、それぞれ自分の体調に合った時間に起きればいいし、朝食も各自で好きなものを食べればいいのがとても楽だったようです。父は和食が好きなので自分で味噌汁を作り置きして食べたり、朝からお餅を焼いて食べたりしています。それに対して、母が好きなのは洋風の朝食。オートミールを牛乳で炊き、ゆで卵にアマニ油をかけたものと、ライ麦パンにジャムとミルクコーヒーを食べていました。

朝食のスタイルを変えた後、今度は父に買い物をお願いするようになりました。買い物するということは、父も何を食べるか、作るかなど食事のことを考えるようになります。今までひとりでやってきたことを分担する、それだけでも母としては気が楽になったようでした。海外では家事代行も日本より気楽に頼むことができますので、人の目を気にせず、そういったサービスを頼むこともひとつの方法です。無理をせず、夫婦で話し合いながらクリエイティブな工夫をして、家事負担の解決策を見つけたいですね。

To Doリストで「見える化」しておく

掃除機をかけたら洗濯物を干そう。でも9時半頃に餅つきだから、その前にお餅の大根おろしを作らないと。畑もちょっと見て、ベビーにんじんを収穫しないといけない。その前に餅つきをする教室の窓を開けよう。あぁ！　そういえば掃除機をかける途中だった……。

私の頭の中の混乱ぶりを文字にすると、こんな感じです。人それぞれと思いますが、私は一度に全部のことをしたいと思ってしまうタイプ。焦ってあっちにチョロチョロ、こっちにチョロチョロ。やらなければならないと思っていることが頭の中をぐるぐるよぎって、何かを始めてもすぐに気が散ってしまい、結局どれもできないで時間ばかり経ってしまうというありさまです。

その解決法は「とにかく紙に書き出すこと」。紙に書くと頭で覚えようとしないからよくないと言われることもあるのですが、いいのです。別のところで頭を使うので。それよりも段取りよく、効率よく、用事をすませられるほうが私はストレスが軽減できると思っています。

ですから普段からTo Doリストを作って机の上に置き、それを朝や夜に見て、いつでも確認できるようにしています。とても忙しいときは一週間分の表にして、仕事から食事のことまで書き出して置いておきます。その通りに物事が運ぶかどうかは別として、いつでも「あれは何だっけ」と確認できるメモや、アイデアを補足してくれるメモがあると本当に安心します。書くだけで肩から荷が下りる感じです。

特に仕事が忙しいときは、食事のことを心配するのが煩わしいですよね。正直に言うと、作るのはそれほど嫌ではなく、逆に料理に集中することでストレスから解放されることもあります。忙しいときは、何を作るのか考えるのが大変なのです。

だからメモを書くようにしています。前もって作るものを考えておけば、先に買い物もできるし、夫に頼みごともしやすいので気も楽です。普段の買い物リストもiPhoneにメモしておけば忘れ物はありません。iPhoneを持って行くのを忘れなければ、ですが……。

自転車と散歩を習慣にして心と体をリフレッシュする

東京や大阪などの都市部に住んでいると、日常生活の中で自然と体を動かしていると思いませんか？ 国民の健康を維持するための「日本政府の陰謀だ」と大荷物を抱え、疲れ果てて帰ってきた母の言葉を今でもよく思い出します。

でも、わざわざジムに行ったりスポーツしたりするよりも、私にはこのスタイルのほうが合っています。40~50年前と違って、現在は公共の場所にエスカレーターやエレベーターが増えているので、できるだけ使わないように心がけさえすれば、毎日の通勤や通学、買い物をするだけでもかなりの運動になっていると思います。

東京に住んでいた頃は、駅まで歩いて階段を上り、電車に乗って、途中で電車を乗り換えて、また階段を登ったり下ったりして、やっと辿り着いた駅からまた、行き先まで歩いているうちに、健康のために目標とされる一日一万歩にすぐ到達しました。それにくらべると、鹿屋での生活はまったく違います。ちょっとした買い物へ出かけるにしても、車に乗って行くしかありません。歩いて行ける距離にあるのはコンビニと花の無人販売くらい。日常的に体を動かすのは家の中をウロウロしたり、庭の草刈りをしたり、夕方におかずの一品をお姉さんの家に届けに行くときくらいです。自分では動いているつもりでも、家が平屋なのもあって、夕方に万歩計を見るとなんと200歩！　一ケタ間違っているのではないかと思う数字が画面に表示されています。

鹿屋で数カ月暮らしてこれが現実とわかってからは、好きなビールをこれからも毎日飲み続けるためには、なんとか考えなければならないと思い始めました。一番簡単に運動を取り入れるには自転車がいいと思い、現在は自転車移動を楽しんでいます。最初は夏の暑さや坂道をきつく感じていたのですが、乗り続けるうちに体が慣れてきてびっくり。ドイツの祖父が「80歳になっても筋肉はつくよ」と言っていましたが、その通りですね！　自転車でよく行くのは郵便局。歩けば片道10分かかるところ、自転車ならあっという間です。

もうひとつ変わったのは、体のバランス感覚が少しよくなったこと。自転車に乗り始めた当初は片手を離すとよろけていましたが、今では後ろから車がきていないかを振り向いて確認できるくらいになりました。自転車は下半身だけの運動かと思っていましたが、腹筋を使って上半身でバランスをとる全身運動なんですね。ぜひ続けていきたいです。

さらに最近は、週3日ほど夫との散歩も再開しました。東京では週末にカフェまで歩いていましたが、こちらでは別の楽しみがあります。普段歩いているサイクリングロードは自然豊かな場所を通るので、木々の移ろいを感じることができます。金木犀の香りがしたり、イノシシが暴れた後の泥の山があったり、季節外れに咲いている桜に目が留まったり。鹿屋での散歩は体にいいだけでなく、心のリフレッシュにもなっています。

どういう形にせよ、車社会の中で生活している限りは、意識して体を動かさないといけないことがよくわかりました。でなければ、ついに、大嫌いなジムに通うことになってしまうのかも。できればそれだけは避けたいと思って過ごしています。

畑仕事はこれからの課題

鹿屋にきてから始めた畑仕事。小さな畑なのでお話するのも恥ずかしいのですが、それでも私にとってははじめてのチャレンジで現在も試行錯誤を重ねています。まず、昨年の夏にはじめてズッキーニとプチトマトを育ててみました。秋には初心者にも育てやすいのではないかと思ってじゃがいも、にんじん、ラディッシュを育てました。そして、春にまた何か植えたいと思っているのですが、そこで突き当たった課題は連作障害でした。

連作障害とは、続けて同じ野菜を植えると土の栄養バランスが崩れ、病気を発症しやすくなることで、昔から本で読んで知ってはいました。それを防ぐために畑を4区分にわけて、それぞれ植えるものを管理します。しかし、これがまたややこしい！調べて、メモをして、繰り返し調べて、植物が何科であるかを覚えて……。大型農業の場合、病気が出たときは農薬で処理するのでしょうが、せっかく小さな規模で家庭菜園をするなら、農薬を使わず元気な土作りから始めたいですよね。先日はホームセンターで以前から育ててみたいと思っていたシェリーというじゃがいもの種芋を見つけて買ってきました。春に植えられるよう、いろいろと計画しています。

ぐっすり眠るためのルーティーン

ぐっすり眠れた次の日はとても爽快で、よく言われるように眠りは本当に大事だと実感しています。ありがたいことに最近はよく眠れる気がして、毎日8時間はぐっすり寝ています。気をつけていることといえば、精神的なストレスをためないことと、ベッドに入るタイミングなどの生活リズムをなるべく崩さないことでしょうか。

最近は寝る前にストレッチを始めました。少し肩こりが気になったとき、たまたま新聞によく眠れる体操というのが紹介されていたので、就寝前に毎日やるように心がけています。私はスポーツが苦手なうえに体も硬いので、せめてこれくらいはと思って続けています。

その中で特に気に入っているのが、背中のコリをほぐす体操。テニスボールを2個くっつけたような道具を使うのですが、それを床に置き、その上に仰向けに寝ます。ボールは肩甲骨のあたりの背骨を挟んで当て、腕を床から持ち上げて、自分の全体重をテニスボールにのせます。この状態でボールを上下に転がすと、ボキボキと音を立てながら背骨がほぐれていくのを感じます。

そのほか、寒い季節には湯たんぽを入れるのが習慣です。ドイツではよく使われているゴム製のやわらかいもので、ベッドに入れても違和感がありません。足元に置いたり、お腹にのせたりすると、体が温まってリラックスできます。また、夏の暑さ対策として使い始めたのが、ベッドの上に敷くイグサのマット。サラッとして肌触りがよく、気持ちがいいのです。

季節に関係なく、寝る前にベッドの中で本を読むのが好きなのですが、その場合はライティングが大事になります。いいランプが見つかるまでとりあえず、と思って買ったIKEAのランプが思いのほか使い勝手がよく、気に入っています。首がニョロニョロと長く、好きな方向へ向けられるスポットライトタイプで、本体はクリップでベッドサイドテーブルに固定しています。隣のベッドで夫が先に寝ていても気にせず本を読めるのは本当にありがたいですね。そして、眠れないときはちょっと難しい内容の本でも読めば、1分もしないうちにあくびが出始めて眠気が襲ってきます。最高の睡眠薬です。

Body, mind and soul

健康維持というと、一般的には体の健康という意味で語られている言葉のように感じます。病気にならないように体調管理をすること。たとえば、定期的な運動をするとか、栄養バランスを考えた食事をとるなどでしょうか。しかし、果たしてそれだけで健康といえるのでしょうか。

私の母は読書が大好きで、いつも幅広い分野の本を同時進行で何冊も読むタイプです。ここ数年の母の興味は「年齢を重ねていく中で、どうやって幸せに、よりよい人生を生きることができるのか」。世界中のあらゆる文化や宗教の教えには〝老いの思想〟があると思うのですが、そういった本を読みあさり、その中からヒントを得ようとしているようです。だから、私の夫が定年退職して鹿児島へ引っ越すことになったとき、「Body, mind and soul のバランスが大事」と教えてくれました。それを初めて聞いたとき、私も直感的にその通りだと感じたので、いつもこの言葉を忘れずに、Body, mind and soulのバランスを保つことを意識しています。

Body, mind and soulは英語ですが、この言葉の解釈は人それぞれだと思います。私の理解するイメージはこんな感じです。

Bodyは目に見えるものなので、一番わかりやすく〝身体〟と訳せばいいと思います。身体は外部的なもので、病気やケガをすればその状態が見えるので、どうしても身体を中心に健康は考えられているのでしょう。そしてもちろん、身体の具合が悪ければ健康とはいえないので、適度な運動や栄養バランスを考えた食事、そして十分な睡眠をとることが大切です。

次のMindは、英和辞書をひくと〝心〟と訳されているようですが、この訳には少し違和感を覚えます。なぜなら、Mindとはハートの中にあるものではなく、頭の中にあるものだから。頭の中、すなわち脳にあるということは、心というより〝知性〟

としたほうが近いように感じます。母の説明でも、本を読んだり、生涯現役で仕事をしたりすることが大切だというような話をしていました。MindはBodyと違って目に見えないので忘れがちですが、最近は認知症のような病気も注目されて、記憶力を訓練する大切さが語られるようになりました。わざわざ特別な訓練をしなくても、料理をすることもよい頭のトレーニングになります。何を作るのか考え、栄養を考え、家にある食材を思い出して、足りない食材や予算を考えて買い物をする。立派な脳の体操です。

そして最後はSoul。辞書には〝魂〟とありますが、私はもっとシンプルに〝心〟と訳しています。これこそ見えないものなので、ないがしろにされやすい部分だと思いますが、もしかしたらよりよい人生を生きるために、もっとも重要で大切なものかもしれません。心が健康であることがどのような状態かといえば、生きがいを持っているとか、心を潤してくれる何かがあること、だと思います。たとえば、孫の成長を見守るのが生きがいという人は多いでしょう。長年連れ添うペットが幸せをもたらしてくれる人もいるでしょう。ボランティア活動が生きがいと感じる人もいるでしょうし、大好きな趣味が心の潤いと感じる場合もあるでしょう。感じ方は人それぞれで正解がないからこそ、自分にとっての心の幸せを見つけ、それを大切にすることが重要なのです。

2章

心地よい
住まいのつくり方

Maugham
GERMAN
GORILLA GAME
THE WORLD IN 2050
HOME FOOD
GRILL
からす たろう
Mensch
ESSENTIAL HOUSEBOOK
BAKING HANDBOOK

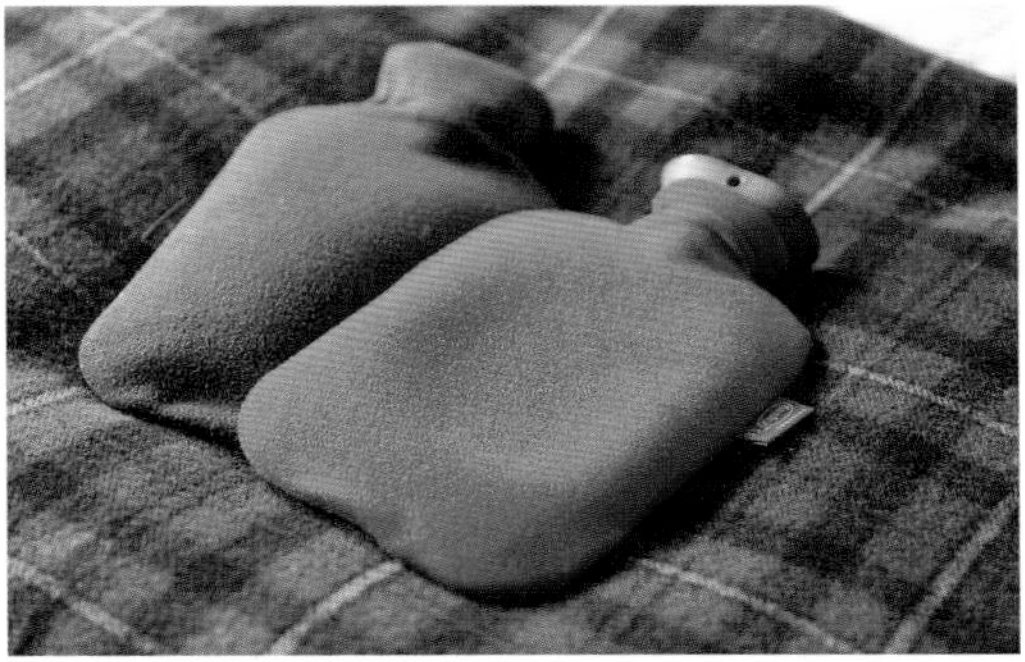

Wabi-Sabi
for Artists,
Designers.

サイドボード
W 143
D 46
H 89

お気に入りだった家具は〝次の持ち主〟にゆずる感覚で手放す

鹿児島への引っ越しで大きめの家具をいくつか処分しました。ひとつはとても気に入っていた、料理教室の生徒さんにいただいた古い桐のタンスです。長く使い込まれた和ダンスは落ち着いた風合いで、取っ手はシンプルなデザイン。本来は着物をしまうためのものですが、うちではリビングの片隅に置いて、ワイングラスなどを収納していました。グラスを大きな引き出しにそのまま入れると動いてしまうので、知り合いの木工職人にお願いして格子状の仕切りを作ってもらいました。普段使いのグラスから、ドイツで集めた100年前のJugendstil（ユーゲントシュティール）のワイングラスやシャンパングラスまで、驚くほどの数のグラスを入れることができ、重宝していました。

後になってわかったことですが、このタンスは地震にも強かったのです。どんなに大きな地震でも、食器棚のように扉が開いてしまうことがないので、大切なものを入れておいても安心でした。そして、和ダンスの中からワイングラスを取り出すと、どんな方も声を上げて驚いてくださるので、そんなところも楽しかったです。でも残念ながら、このタンスは鹿児島の家には置き場が見つからなかったため、泣く泣く手放すことにしました。

もうひとつ、20年くらい愛用していた机も処分しました。もともとはダイニングテーブルだったのではないかと思う、青山のイギリス骨董店で見つけた大きめの木製テーブルです。パソコンとドイツで買ったお気に入りのデスクランプ、ペン立て、小物が入れられる引き出しなどをテーブルの奥に置いても、手前に広いスペースがあるので書類を広げて作業するのにとても便利でした。このテーブルには奥行きと横幅が広い引き出しも2つありました。引き出しのひとつは鍵もついていたので、預金通帳や印鑑など大事なものをしまっていました。しっかり引き出せばひと目で中身全体が見渡せ、とても使いやすかったのですが、こちらも鹿児島の家には置く場所がありませんでした。

このほかにも、ツイスト脚がエレガントなウィングテーブル。部屋の隅にサイドランプと観葉植物をのせて置いていましたが、これも処分。そして骨董品ではないけれど、とても気に入っていた小さなテーブルは、以前の引っ越しで脚がすでに折れていたのを直して使っていましたが、ここで打ち切りにしました。

こうやって思い出すと、素敵な家具だったな〜、惜しいことをしたな〜という思いがないわけではないです。でも、本当に捨ててしまった小さなテーブルと和ダンス（和家具は買い手がつかないので、なかなか引き取ってもらえません）以外は、きっとまた新しいオーナーに恵まれるだろうと思うと、そこまで悪い気もしません。

気に入っていた家具も、粗大ゴミに出してしまえばただのゴミ。燃やされるのかどうかはわかりませんが、まだ使える家具を廃棄するのはもったいない。そこで私はネットで検索して、近くで骨董品を引き取ってくれるお店を探しました。長年使い込んだ家具だったため、販売するには修理や手直しが必要ということで査定金額はすべて合わせて5000円でしたが、そのぶん無料で引き取ってくれたのでとても助かりました。こうやってものが巡り巡っていけば理想ですね。そうして私もまたいつの日か、骨董市や蚤の市で、ピンとくる一点ものに出会うのでしょう。

大きな家具の断捨離は図面を使ってイメージトレーニング

整理整頓の基本は、片づけたいものをすべて一カ所に集めること。そう考えると鹿屋への引っ越しは、私にとってこれまで増え続けてきた持ち物をすべて集めて整える、絶好のチャンスでした。家を建てて10年、引っ越すまでの間は二重生活でした。東京での生活がメインでしたが、月に一週間くらいは鹿児島に滞在していました。短い日数とはいえ、暮らしていればいろいろと必要なものが出てきます。ベッド、ダイニングテーブル、椅子、食器……最低限のものですますようにしていても、いつの間にかものは増えていきました。

加えて東京のマンションには20年以上住んでいたので、こちらにも家具や生活用品、そして料理教室の道具などがいっぱいです。定期的に見直してはいましたが、また引っ越すかもしれない、新しい場所で必要になるかもしれないと、とりあえず取っておいたものも多くありました。未来に夢や希望を持っているほど、ものが手放せなくなりますね。でも今回の引っ越しは終着点。ここで使わなければもう要らないことがはっきりしているので、ものの整理、仕分けがしやすかったように思います。

最初に取りかかったのは家具。サイズが大きいし、使える場所は限られているので、決断しやすいと思います。ここで私のやり方をご紹介します。

まず紙にすべての家具の絵を描いて、サイズもメモします。次に新しく住む部屋の図面を用意します（図面がなければ部屋の大きさをメジャーで測って自分で描いてもいいです）。大事なポイントは、すべての縮尺サイズを揃えること。建築家が作った図面があれば縮尺表記があるのでチェックします。自分で書くなら、少し大きめの図面にはなりますが、縮尺1／50が見やすくておすすめです。

計算方法は、まず単位を揃えるために、部屋を測って1mをcmに直します。100cmを50で割れば2cmになるので、測って実際に1mだったところを図面上では2cmで描きます。図面が描けたら、次に家具も同じように縮尺して、動かせる小さなパーツを作ります。少し厚めの紙、お菓子の空き箱のようなもので作ると動かしやすくて扱いやすいです。家具にはそれぞれ名前を書くのも忘れずに。似たような大きさのパーツになるので、区別できるようにしておきましょう。

そして、ここからが楽しい作業の始まりです。図面に家具のピースを乗せて、どの場所が収まりがいいのか、パズルのように動かして配置を考えます。頭の中だけで考えるより、図面上でサイズも確認しながら作業するとイメージがしやすくなります。

このイメージトレーニングによって、ベッドや和ダンス、サイドテーブルなど大きい家具をいくつも処分する決断ができました。寂しい気持ちになるのでは、と言う人もいますが、私はそれよりも持ち物が減ることで肩の荷が下り、すっきりしました。暮らしやもののサイズダウンは、気持ちの余裕を生むような気がしています。

理想の家は小さな工夫の積み重ね

家を建てるとき、外観は近所の景色に溶け込む杉板張りで瓦屋根の和風に、内装やインテリアは洋風で生活スタイルに合わせたもの、という希望がありました。イメージ通りの家ができましたがすぐに住むことはなく、今年になってフルタイムで住み始めました。家を建ててから時間が経過しているので、白っぽかった外壁の板もいい具合に汚れてきて、それこそ周りの景色に溶け込んでいい感じになっています。そして実際に住んでみてあらためて思うのは、家は外観も大切ですが、もっと大事なのは住み心地。部屋の使い勝手もそうですが、部屋の温度管理ができているかどうかは、年齢を重ね、これからの健康を考えると、より重要な課題となってきます。

鹿児島では、四季で一番厳しいのは夏の暑さ。エアコンもありますが、家自体にそもそも暑さが入らない工夫をしています。西側の窓に遮光シートを貼ったり、よしずを立てたり。湿気対策には茶箱や除湿機を使って工夫しています。

そして意外に思うかもしれませんが、鹿屋の冬は厳しい寒さです。昼間ベランダに日が当たっているときは気温が20℃くらいあるので、火鉢を置いて日向ぼっこをしながらお茶を飲むのが何よりの楽しみです。でも朝は、霜が降りるほど寒い日も多く、夏の暑さ対策になっている木造で風通しのいい家を温めるのが難題です。基本は蓄熱の暖房器具を使っていますが、それだとその部屋しか温まりません。窓から冷たい外気が入ってくるので、風呂場には瞬時に温まる赤外線ヒーターを置き、トイレはじんわり底冷えがしないように窓の下にオイルヒーターを置いています。窓が一番冷たい外気が侵入する場所なので、カーテンも重要です。裏地を入れた厚めのもので、冬用はドアの下の隙間から寒さが侵入しないように長めに作るのがおすすめです。

とにかく家は住んでみないとわからないことも多いですね。生活する中でいろいろと見えてきて、気がついたときがチャンス。そのままにするのではなく、どうしたらいいのかを考え続けることが大切だと思います。すぐに解決することばかりではなくても、気にしていれば、人の家だったり、お店だったり、雑誌などからアイデアが見つかることもあります。そうして小さな工夫を重ねることが、自分らしい理想の家に近づく第一歩ではないでしょうか。

最近、我が家で気になっているのが部屋のライティング。夜になると本を読む場所が限られてしまい、もっといい方法がないかと考え中です。ケーブル地獄もどうにかしたいですが、これはすべての配線が決まってから最後に取りかかるべき部分ですね。まだまだほかにもあるのですが、気になるところを夫婦で相談しながらひとつずつアイデアを出し合って直していけば、家の中にお気に入りスペースが増え、日々の暮らしがより快適で、豊かなものになっていくと思います。

料理が楽しくなるオープンキッチン

現在の家はオープンキッチンになっています。散らかっているときには誰からも見えてしまう面もありますが、ドアがついたキッチンにひとりでこもって料理するのは嫌だと思い、あえてオープンスタイルにしました。

料理を作っていると確かに汚れたり、シンクが大変なことになったりもしますが、使えば汚れるのはしょうがないですね。最近では、魚のウロコ取りなどキッチンが散らかりやすい作業は夫が率先してやってくれるようになりました。大変なときは家族が協力するのは当然のこと。一緒に作れば会話も弾むし楽しいので、オープンキッチンにしてよかったと思っています。

また、来客時に乾杯をするとき、今のキッチンだと料理しながら参加できて、とても嬉しいのです。ドアの向こうのキッチンでひとり作業をしていて、ダイニンググルームからみんなの笑い声が聞こえたりしたら、自分を召使いのように感じてしまって悲しくなります。そんな理由もあり、ダイニングルームとキッチンを一体にしました。

でも、キッチンはたくさんの食材や道具が集まってくる場所でもあるので、キッチンが見えるということは工夫も必要です。一番大事なのは収納スペースの確保。キッチンの横に大きなパントリーを作り、ストック品や使っていないキッチン道具はここに保管しています。私は見せる収納よりも隠す収納が好きなので、アイランドキッチンの裏には表からは見えない収納も作りました。ものが出しっぱなしだと、「片づけなきゃ」と思う自分に疲れてしまうのです。自分が疲れる原因になるものは、なるべく減らすようにしています。

どんな形であれ、忘れてはいけないのは、家はショールームではなく生活の場ということ。他人がどう思おうが、家族が心地よく暮らせる空間であることが大切です。それがどういうものかは、そこに住んでいる家族にしかわかりません。知り合いの建築家の「建築家は想像はするが、家族が時間をかけて考えた工夫にはかなわない」という言葉を思い出します。

家づくりは終わりがないみたいですね。これからも暮らしの中で工夫を重ねながら、使いやすいキッチンを目指していきたいです。

よく使うものは近くに、ときどき使うものはすぐ思い出せる場所に収納する

鹿屋の家へ引っ越してきてよかったことは、すべての持ち物を見直せたこと。一つひとつ確認しながら、いつ、どこで、どのようなときに使うのかを考えて収納を決めています。まだ引っ越して半年未満なのでパーフェクトではありませんが（パーフェクトにする必要もないのですが）、理想の収納は、ものが必要になったときに「それはここにあるはず」と、私も夫も論理的に思い出せることです。

たとえば、ランドリールームには洗濯機のほか、洗剤や掃除道具、トイレやキッチン周りの予備品などを収納しています。換気扇が汚れてフィルター交換したいときは、掃除関連のものだからここを探せば見つかります。この要領で、デスク周りにはペンや封筒、コピー用紙などの書類関係を、本や雑誌は大きな本棚にまとめています。廊

下のクローゼットは靴、コート、バッグ類など外で身に着けるもののほか、ソファの衣替えカバー、予備のクッションも入っています。

このように関連するものが一カ所にまとまっていると整理整頓も楽ですね。ただ、収納は使っているうちにだんだんグチャグチャになってくるもの。生活していればしかたないので、そんなに気にしなくてもいいかなと思っています。私の場合は、どこかの時点で我慢できなくなって、そろそろ片づけようと思うときがきたら、その場所のものをすべて床に出し、いる、いらないと分別して整理しています。できれば導線を考えて収納場所を決められるといいですが、使用頻度が低いものは空いているスペースでも大丈夫でしょう。

それに対して、頻繁に使うものはその場所に収納スペースを作らなければ、永遠に部屋は片づきません。普段使いの食器やカトラリーはキッチンかダイニングルームの近くがいいですね。我が家は夕食後にその日使った食器を全部まとめて食洗機に入れて洗い、寝る前にすべて戸棚に戻すのが日課です。もし食器棚が食洗機から遠い位置だったら、最初は頑張るかもしれませんが、だんだん片づけが億劫になるでしょう。そのうちに、食器はいつも食洗機に入れたままになっているかもしれません。出したり戻したりする作業が面倒にならない場所がいいと思います。

また、キッチンの食器類は使う頻度によっても収納場所をわけています。よく使うものはアイランドや流し台の上の戸棚にしまっています。戸棚にはグラス類、マグカップ類が入っていて、アイランドには普段使いのお皿やボウル、オーブンで使う耐熱皿やちょっとした盛り皿が入っています。来客時に使う食器はダイニングテーブルの横にある水屋ダンスに。スペースごとにワイングラスやガラス製品、お客様がいらしたときに使うティーセット、大きめの盛り皿、和食器とわけて収納しています。

こんなふうに偉そうに言っていますが、私もまだまだ思い通りに収納できているわけではありません。書類のファイルは一カ所に集めたいところですが、収納スペースが足りなくて2カ所になっています。今はプライベートと仕事というわけ方にしていますが、誰かに見せるわけでもないので、家族さえどこにあるか思い出せればこれでもいいのかもしれませんね。収納場所を決めるときは、ひとりで決めずに夫に聞くこともあります。あとで「あれはどこ？　これはどこ？」と聞かれるのも嫌なので。当たり前と思うことが家族で一緒とは限りませんからね。

メンテンナスとＤＩＹで家の外も内も快適に

家を建てて10年。ちょうどメンテナスを考える時期になりました。外壁は雨風にさらされ、鹿児島は桜島の灰も降るので壁はかなり汚れてきているように見えます。先日も主人の従兄弟が「この壁は洗浄すればきれいになるよ！」と言っていました。正直にいうと、私は今の壁の風合いが好きなのであまりピカピカにはしたくないのですが、家を長持ちさせるにはやはり洗浄して塗装をする必要があります。

外壁と同様に、家の中も少しずつメンテナスしています。東京にいた頃は、今の家には一週間ほど滞在する程度だったので、気になるところもそのままになっていました。でも住むようになると、使い勝手の悪いところは業者にお願いしたり、自分たちでＤＩＹをして直しています。

特に気になっていたのが廊下のクローゼット。ここには靴やコートなど外で身に着けるもののほか、普段は使わない小物なども収めている場所です。鹿児島の家はとにかく夏の湿気対策がポイントで、一番多いトラブルが革製品のカビ。徹底して換気をよくするしかないのですが、収納するものの数にくらべてスペースが狭いのか、どうしてもカビが生えていました。そこで自分たちでいろいろ工夫をしました。

まずはカビが生えやすい革靴をしまうために、大きな茶箱を購入。茶箱はお茶の葉を湿気させないための保存箱で、外側は吸湿調整機能に優れた杉が使われ、内側はトタンが貼られています。この中に棚を入れて、靴をぎっしり詰められるようにしました。そして、ひと夏越して開けてみたら、見事にカビが生えていません。日本の伝統技術は素晴らしいなと感心しました。そしてクローゼットの通気をよくするために、ドアにはルーバーを設置。前は普通のドアでしたが、ドアを閉めるとどうしても空気の流れが止まってしまうので、いつでも風が通るようにルーバーにしました。見た目も南国風で気に入っています。

さらに最近は、バッグをかけられる場所が少ないと感じていたので、壁にIKEAで買ったフックラックを3個取りつけました。帽子、傘、バッグなどを気軽にかけられる収納スペースが増えて快適です。

好きな絵を気ままに飾る

日本人は壁に穴を開けるのを嫌がると聞きます。気持ちはわからなくもないですが、壁補修剤（パテ）を使えば、小さな穴はきれいに直せますよ。修復の手間はかかりますが、その代わりに好きな絵を部屋に飾れば、そこを通るたびに「素敵！」と気持ちが明るくなります。何を飾るか決まりはないので、好きな絵ならなんでもかまいません。高価なものである必要も、有名な人の絵である必要もなく、単純に好きな絵でいいのです。でも、きっとそれがまた難しいのでしょう。

特に好きな絵がなくても何か飾りたい場合、最初は絵葉書からチャレンジするのはどうでしょう。もらったものでも、買ったものでも、アンティークの葉書も素敵です。一枚でもいいですが、色合いがそろっていたりテーマが一緒だったりする絵葉書を数枚並べて飾るとインパクトがあって好きです。もう少し効果的に見せたいなら、額縁に入れるもののいいですね。ぴったりのサイズでもいいですし、ひとまわり大きな額縁に入れて間にマットを挟むと、シンプルな絵葉書でも重厚感が出ます。

絵葉書の代わりにプリントもいいですね。私はドイツの骨董屋で昔の花のプリントを探してきて、額に入れて飾るのが大好きです。お花は色合いが素敵で華やかで、どんな場所にも合うと思います。壁の真ん中に飾ってもいいし、小さなテーブルの上やランプの横に飾っても。テーブルにランプと絵、ときには季節の花を生けたりすれば素敵なコーナーの完成です。考えてみれば日本の床の間の飾り方にも似ていますね！

そのほか、家にはイタリアでもらったオリーブの枝のポスターを貼っています。仕事場のキッチンには23歳のときにロンドンで買ったJean-Jaque Sempeのポスターがあり、彼の作品は何気ない日常の風景にユーモアをプラスした、どれも癒やされる絵です。私が飾ってあるSempeもいつ見ても笑みが溢れます。家族の思い出でいうと、義理のお姉さんが書いた油絵は我が家の一番大事な絵です。

また、お姉さんが大好きな船越桂さんのエッチングを持っているのですが、これはお姉さんをマネて20年くらい前に購入した一枚。長年飾っていますが飽きることがありません。最近、新たに飾ったのは桜島の絵で、地元の古い家が整理されるときにいただいてきました。机の横には気に入った言葉が書いてある紙を額に入れて飾っていますし、とにかく雑誌の切り抜きでもなんでもいいのです。まずは自分が好きな絵を、机の横にでも飾って癒やされてみてください。そうしているうちに、もっといろいろ飾ってみたくなるはずです。

3章

自然体のおしゃれと、体を整える食事のはなし

Spring

Summer

Autumn

Winter

Miele

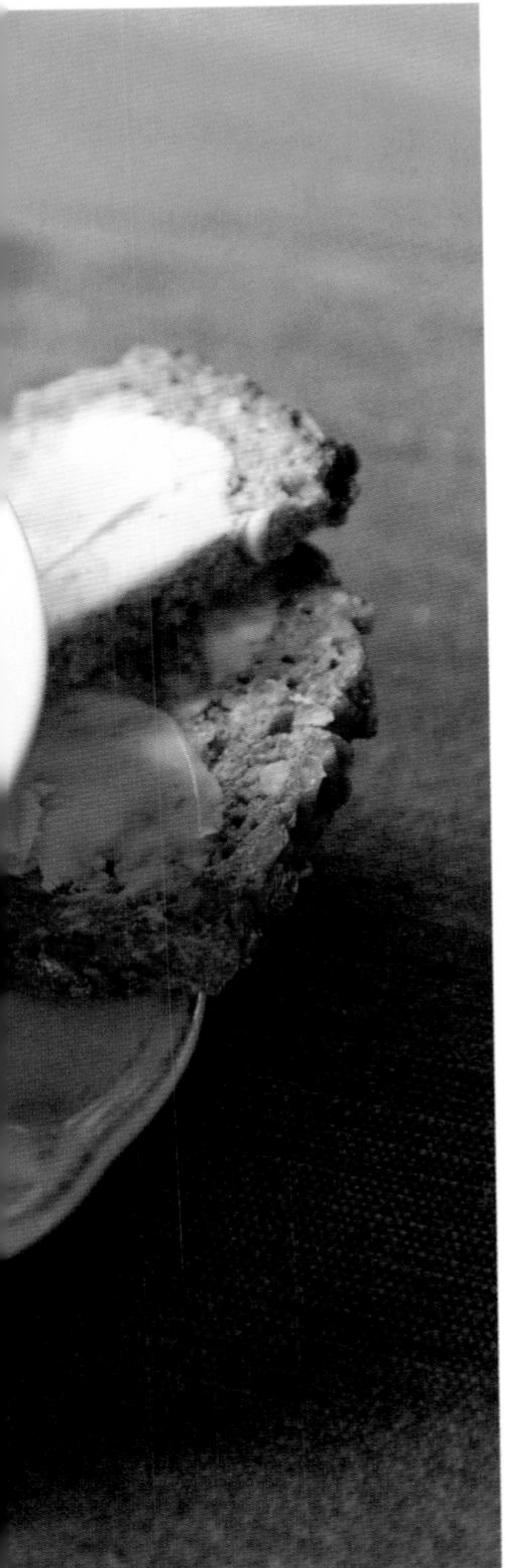

洋服はシンプルで着心地のいいものが好み

50代後半に差しかかってきましたが、ファッションに関しては今までとそんなに変わらず、着心地のよさと動きやすさを重視して服選びをしています。その服を着て動きやすいか、素材が肌に触れた感じが心地いいかどうか。また、普段着はメンテナンスが楽なものがいいので、家で洗濯できるかもポイントになります。デザインはシンプルなものが好みで、色合いもベーシックなものが中心です。そこにスカーフで色を添えるのが今までのスタイルでしたが、ここ数年はカラフルなシャツも着るようになりました。やはり年齢を重ねると明るい色が似合うようになるのかな？　基本的にボーイッシュな格好が好きです。パンツにチェックのシャツにセーター。シャツはアイロンをかければきちんと見えますし、色で楽しさをプラスすることも可能。セーターで体温調整もするのが私のスタイルです。最近のお気に入りの洋服でコーディネートを作ってみたのでご紹介します(98〜99ページ参照)。

【春】Frank&Eileenのチェックのシャツ＋丈の短いジーパン

春は明るい色の長袖シャツを着ることが増えました。寒いときは上にセーターかカーディガンをかけます。好きなセーターのブランドはJohn Smedley。カラーバリエーションが豊富で、Vネックも素敵ですし、ツインセットも好きです。高価なブランドですが、定番のデザインなので、一着持っていれば飽きはこないし、長く楽しめます。ここ数年お気に入りのシャツはFrank&Eileenのもの。胸元がかなりあいていますが、その開放的な感じも好きです。カラフルなシャツがたくさん取り揃えてあり、一枚だけ選ぶのに迷います。こちらも高価ですが麻の素材がとても心地よく、何回洗濯しても丈夫で長く楽しめています。

【夏】L.L.Beanの麻のシャツ＋Marc O'Poloのチノパン＋Jim Thompsonのスカーフ

日本の夏は汗をたくさんかくので、じゃぶじゃぶ洗える洋服が一番とTシャツや半袖の麻のシャツをよく着ます。three dotsのシャツは首回りの形がきれいで何枚か持っています。Banana RepublicやGapのTシャツもあります。家ではショートパンツも履きますが、外出時は丈が短めのジーパンかチノパンツを履いて、爽やかな気分ならSUPERGAの白スニーカーというボーイッシュなスタイルが好きです。お出かけするなら、そこに軽い素材で明るい色のスカーフを添えます。スカーフは最近Jim Thompsonのものがお気に入りです。

【秋】チェックのフランネルシャツ＋Marc O'Poloのベスト＋ジーパン
秋にはチェック柄のカジュアルなフランネルシャツを着ることが増えました。温かいし、動きやすいし、ベストを羽織ればより温かくて気に入っています。シャツのブランドは特に決まってなくて、数年前に銀座三越にあるカジュアル服のコーナーに行ったときにかわいいフランネルシャツを見つけたのがきっかけ。今持っているシャツは全部ここで買いました。そのときにYANUKというブランドのジーパンも買いました。ズボンは体型によって合うものが変わるので、とにかくいろいろ履いてみるしかないですね。三越のカジュアルコーナーは大人でも着れるカジュアル服が揃っているので気に入っています。そのほか、普段着のパンツはBanana RepublicのSloanというスキニーパンツが好きです。あとはドイツへ行ったときにMarc O'Poloというお店でよく買い物をします。スウェーデンのブランドですが、ドイツのどの都市にもある人気のショップです。

【冬】Margaret Howellのタートルネックセーター＋長めのプリーツスカート＋Jim Thompsonのスカーフ

冬はパンツとセーターが基本のスタイルですが、この冬は少し冒険してみました。数年前にもカジュアルなスカートやワンピースを着ていたときがありましたが、年齢を重ねたのでしょうね、スカートの丈が短いと感じてきました。そんなときにMargaret Howellで丈の長いプリーツのスカートを見つけました。スカートの下にはユニクロのヒートテックのレギンスを履いて、履き慣れているNew Balanceのスニーカーを合わせます。このスタイルは温かくて動きやすいうえ、スカートなので腰回りが軽く、歩いているとなんだかウキウキした気分になります。もう少しきちんとしたいときのパンツはTheoryで買っています。Theoryは定番スタイルはありますが、毎年パンツのラインが少しずつ変わるので、好きな形のパンツに出会ったときは色違いも買うべき。ある年のパンツが気に入って翌年も買いに行ったら、ラインが大きく変わっていたことがありました。

これからのヘアスタイル

年齢を重ねて、ファッションで一番考えるようになったのは髪の毛のことです。私は早くから白髪が出始めたので、30代からカラーリングをしてきました。美容院でやっていますが、定期的に出かけるのはなかなか大変なこと。いつの頃からかグレイヘアの女性を見かけると「ナチュラルでかっこいいな〜」と目が行くように。私もいつカラーリングをやめようかと考えるようになりました。

自然体が好きな私としては、若作りはかっこ悪いと思っているし、ハリが衰えてきた肌に黒々とした髪は似合いません。でも、髪の色が変われば全体の印象も変わりますし、必然的に似合う色も変わってきます。どうなるか想像もできない自分の新しいルックスに合わせて、洋服も似合う色でコーディネートすることを考えると、色のセンスに自信がない私には難しすぎて思い切れません。

いろいろと考えた結果、若く見せたいという思いはないですが、年齢以上に老けて見えるのも嫌なのでカラーリングを続けることに決めました。そして、母もそうしたように、60歳になったら自然な髪の毛の色に戻そうと思っています。何年もモヤモヤしていたので、そうと決めたらホッとしました。

第一印象を決める「清潔感」はきちんとした見た目と立ち振る舞いから

日本語の〝きれい〟が見た目が美しいことと同じく、汚れていない様子を意味すると気づいたときは、とても感動しました。清潔感は本当に大事ですね。無理に飾り立てなくても、清潔にさえしてあれば、ものも空間も人も美しく見えます。これは世界のどんな人でも共有できる価値観ではないでしょうか（どの宗教においても清潔感は大切と教えられます）。

身だしなみも同じように清潔に保ちたいですね。年齢を重ねると誰でもできる顔のシワ、質感が変わってボサボサに見えやすい髪の毛、着古したお気に入りの洋服がヨレッとするなど、他人からはなんとなく清潔感が欠けているように見えやすいと思います。そうならないように私が普段から気をつけていることは、こまめに髪の毛のカット&カラーに行くこと。人に会う場合は、どうしても第一印象がその後もずっと残ります。まず遠くから全体の輪郭が見え、近づいてくれば顔を見ます。そうすると第一印象を作る大きな部分はヘアスタイルのような気がします。

そのヘアスタイルですが、長い髪の毛は髪質にもよりますが重たく見えやすくなります。加齢でたるみ気味の肌がより下がって見えるように感じるので、私は軽い印象をつくれるショートカットがお気に入りです。

着るものの清潔感でいうと、靴やスニーカー、白いシャツやTシャツは古くなりすぎないうちに新しいものに取り替えるよう心がけています。私は気に入った洋服や靴はいつまでも使い続けたいタイプなので、いつ手放すべきかいつも悩みます。もったいない精神も働いてしまいます。どれぐらいが古いと感じるかは人それぞれなので、私は夫に「それはもう古すぎるんじゃない？」と思ったら教えてね、と頼んでいます（まだ言われたことはありませんが）。

ブラウスやシャツは、きちんとアイロンをかけると清潔感が増して気持ちがよくなります。ドイツの祖母は、下着やジーパンにまでアイロンをかけていました。さすがにそこまでする必要はないと思いますが、私は麻のシャツなどはアイロンをかけて着るのが好みのスタイルです。特に麻の場合は、素材の質感をそのまま活かしてかっこよく着こなせる人もいますが、私はまずアイロンをかけて、着ているうちにシワが出てくるくらいが好きです。エプロンやテーブルクロスも麻のものが好きですが、シャツと一緒でアイロンをかけてから使っています。

また、当たり前かもしれませんが、自分の体型に合った服を着ることも大切です。体に合わないシャツやコートは他人の服を着ているようでかっこ悪いので、サイズを直すだけで清潔に見えると思います。

そして意外と重要なのが、歯の印象です。ホワイトニングまでする必要はないと思いますが、虫歯と口臭のない清潔な口元を心がけています。歯磨きだけでなく、普段からフロスも忘れずに。私はOral-BのGlideというフロスが好きで、海外旅行のときに買いだめしています。本当は大嫌いな歯医者にも、3カ月に一回は検診に行くようにしています。

見た目以外だと、歩き方も気をつけたいですね。私が苦手なのは足を引きずって歩く人です。草履を履いていた頃の名残でしょうか、日本では意外と多い歩き方です。草履ならかっこいいかもしれませんが、靴の場合はだらしなく見えます。西欧では、子どもの頃に足を引きずると「pick up your feet!（足をきちんと持ち上げなさい！）」と怒られます。つま先は内向きにせず、小股よりは大股で、ゆっくり堂々と歩きましょう。また、西欧では小走りはかっこ悪いとされています（日本では遅刻しそうなときに小走りするのは相手への気遣いとされていますが、海外へ行ったときはこのことを思い出してくださいね）。

笑うときは手を口に当てない、流行り言葉はなるべく使わない、人と話すときは相手の目をしっかり見る。そして挨拶するときは笑顔で、を心がけています。世界中どこでも、言葉が通じない相手であっても笑顔は通じますからね。いくつになってもクリーンな印象を保つ努力をしたいものです。

何事にも〝自分の哲学〟を持つ

スタイルという言葉はファッションに限らず、生き方そのものもあらわします。これまでたくさんの女性と出会ってきて、気の合う人、合わない人、素敵と思う人もいれば、苦手と感じる人もいました。でも、どんな人もそれぞれに何かを教えてくれるのだと思っています。

私が素敵と感じた女性を思い返してみると、みんなしっかり自分の意見を持っているのが共通点です。女性に限らず、人間として大切なことですね。自分の考えがないと、いつまでも他人に振り回されてしまいますから。これは結婚においても一緒だと思います。女性が自分の意見を持たずに結婚すれば、夫の考えに振り回され、自分の人生を生きることが難しくなります。今の時代、それではあまりにも残念ではないでしょうか。

私も若いときはどちらかというと人に合わせるタイプの人間でした。20代の頃、たまたま見かけた知らない人たちの会話で、思ったことが言えずにウジウジしている女性がいたのですが、彼女を見て無性に腹が立ったのを覚えています。「私に関係ないのになぜ怒ってるの?」と思いながら、後で振り返って理解しました。この女性と自分を重ね合わせ、はっきりものが言えない自分にイライラしていたのです。

私は両親の転勤で子どもの頃は引っ越しが多く、とてもシャイな人間でした。数年に一回、外国へ突然引っ越して、気がつけば言葉のわからない地元の学校へ通っていました。言葉はそのうちに慣れて覚えましたが、それよりも大変なのは新しく住み始めた国の考え方や習慣を理解することでした。

日本、ドイツ、アメリカに住みましたが、それぞれの国で常識が違います。大人しくしていれば褒める文化もあれば、「あなたはどう思うの?」と常に意見を求める国もあります。体操服が決まっている日本に対して、アメリカは自由に動きやすい格好で体育の授業を受けます。普通に歩いているつもりが「何を偉そうに歩いているの？」と指摘されたこともありました。環境や常識があまりにも頻繁に変わるので誰に合わせたらいいかわからなくなり、自分のやり方に自信が持てずにいました。いつも人の目を気にして〝正解〟を探していました。

この経験を通して学んだことは、常識はひとつではないということ。「これが当たり前よ」という人に対して思うのは、どんな常識も人が考えたことである限り、それをまた変えていくのも人。人間は育った環境と経験が積み重なって、自分なりの常識を身につけます。でもそれは、狭い視野でのことであって、世界にはたくさんの常識があります。そして、多様化が叫ばれる今の時代は、他人に迷惑をかけなければ、みんなが自分のスタイルを見つければいいのではないでしょうか。

ドイツ的にいえば〝自分の哲学〟を持つことです。哲学を持つということは、自分が一番大切にしている軸となる部分を自分で理解をしているということ。その軸さえあれば、どんなことがあっても、何を決めるにしても、基準が決まっているので楽です。他人の目から解放され、さらに自由になりますよ。

自分の意見を持つことは大切ですが、それと合わせて謙虚さも忘れたくないですね。人の話を聞くのは、自分が知らないことを知る機会です。読書すること。勉強すること。いろいろな経験をして、幅広い視野を持ち、人や物事に対する好奇心を忘れず、自分の考えを持ち、でも物事を決めつけ過ぎずに柔軟に対応できる、そんな人になりたいと思っています。

毎日の献立は食材を見てから決める

朝、玄関を出ると、泥だらけの葉っぱがついたにんじんが置いてありました。また、あるときはアスパラガスとラディッシュが新聞紙にくるまれて置いてあったことも。別のある日は、真っ赤に熟したいちごが袋にいっぱい詰めてあり、バラと一緒に箱に入って置かれていました。

最初は驚きましたが、鹿屋では自分で野菜や花を育てている人が多く、自家菜園の作物をおすそ分けしてくださる方がたくさんいます。「食べきれない野菜があるから送っていい?」とわざわざ錦江湾の反対側の薩摩半島から野菜や果物を送ってくださる方もいるくらい。なんて豊かな土地でしょう。

普段の買い物も、ほとんどが地元の食材を取り揃えた道の駅や農畜産直売所に行きます。大手スーパーマーケットに行っても産直コーナーがあるので、いつでも新鮮で旬の食材を手頃な価格で手に入れることができます。

そんなこともあって、料理のやり方も自然と変わりました。東京にいるときはメニューが先で、たとえば今日は肉じゃがを作ろうと決めてから買い物に行くのがいつものことでした。しかし鹿屋では買い物に行き、何が売っているのか見てから「じゃあ、これで肉じゃがを作ろう」となります。今ではこのスタイルが定着しました。

旬を取り入れる、ということをわざわざ考えなくても、販売されている食材が季節のものしかないので、自然と季節感のある料理になります。料理もレシピというより食材をメインに考えて作るので、以前より無理のない食卓になっているように感じています。

かぼちゃをいただいた日はかぼちゃのスープを作り、白身魚をいただいたら「今日はムニエルにしようかな」、手作り豆腐をいただいたら「やっぱりそのまま味わうのが一番だから冷奴？　でも今夜は少し寒くなりそうだから湯豆腐かな」という具合です。東京とはまた違う、豊かな食生活に感謝しています。

滋味あふれる出汁と旬の食材でシンプルに調理

鹿児島は豊かな土地柄で、海に囲まれていて一年中おいしい魚が手に入ります。畜産も盛んでお肉もあるし、野菜や果物もたくさん生産しているだけでなく、本土最南端の県でもあるので、ほかの地域にくらべて季節はいつも先取り。この原稿を書いている現在は２０２０年11月末ですが、なんと昨日は、友人が露地物のスナップエンドウ（旬は3～5月）を送ってきました。フレッシュで栄養満点の食材が安く手に入るので、料理がより楽しく感じられます。調理法も以前よりさらにシンプルになりました。

よく作るようになったのは魚や鶏の出汁です。手作りのスープが冷凍庫にあると豊かな気持ちになるだけでなく、何かと使えて便利です。スープ、リゾット、シチューなどの洋風料理にも、雑炊や鍋のベースにもなります。手作りの出汁はあっさりとしていておいしく、臭みもなくて使い勝手がいいだけでなく、インスタントとくらべて栄養も豊富。出汁をとるのは大変と思う人もいるかもしれませんが、意外とそうでもないんですよ。何回か作ってみれば、次からは家にあるものを工夫して自己流で作れるようになるはずです。

ほかの作業をしている合間に出汁をとって、旬の野菜と一緒に煮込んだスープは簡単ですし、味わい深くておすすめです。シンプルな黒パンにバターを塗って添えれば、バランスのよい食事が完成します。

魚のうまみが詰まった絶品スープ

夫の友人が地元の魚市場を経営していることもあり、鹿児島にきてから魚をよく食べるようになりました。魚を買うときは大きさにもよりますが、小さめの魚であれば、一匹単位で買います。そうすると自然と魚の頭や骨などのアラが出ますが、そのまま捨てるのはもったいないので、最近はそれを使ってよくスープを作るようになりました。出汁のとり方とスープのレシピを紹介しますので、ぜひ試してみてください（126～127ページ参照）。

鯛のような白身魚は臭みもなく、絶対に出汁をとっておくべきです。すぐに使うこともあるでしょうが、冷凍しておくと便利ですよ。しょうがとしょうゆをたらせば和風のすまし汁ができるし、味噌汁にしてもおいしいです。香味野菜と季節の根菜をサイコロ状に切って魚の出汁と一緒に煮込み、Eintopf（アイントプフ／ドイツ風具だくさんスープ）にしてライ麦パンを添えるのも絶品です。具はいろいろな食材でアレンジができます。春はグリーンピース、夏はズッキーニやオクラ、秋はきのこ類など旬の野菜を入れるといいですね。コクを出したいときはベーコンが合いますし、ひよこ豆やキドニービーンズなど缶詰の豆類、ねぎやブロッコリーを入れるなどアレンジは無限大です。

スパイシーなものがお好きな方なら、唐辛子、パプリカ粉、にんにくなどをアクセントとして少し入れてもいいですね。それでも出汁が余った場合は、魚の身やチーズを入れてリゾットに。リゾットには玉ねぎやほうれん草などの野菜を入れても合います。鍋にも使えるし、雑炊にもできるし、とにかくアレンジの幅が広いのでおすすめです。

魚の出汁のとり方

[材 料] つくりやすい分量

鯛など白身魚のアラ(頭と骨、皮など)…1 ～ 2匹分
水…適量
お酒(あれば)…少し
※臭み消しなので、白ワイン、日本酒、焼酎などなんでもOK
長ねぎ…1本
玉ねぎ…1/2個
セロリ(葉だけでもOK)…1/2本
ハーブ類(パセリ、タイム、月桂樹、オレガノ、ディルなど)…適量
※魚に合う香り野菜(フェンネル、トマト、レモンスライス、しょうがなど)を入れてアレンジもできます

[つくり方]

1 ボウルに魚のアラを入れ、沸騰したお湯をかける。途中でアラを裏返しながら全体にお湯をかけ、少し冷めたら冷水を流しながらよく洗う。鍋に移し、酒と水をアラが見えなくなる程度に注ぐ。ざく切りにした香味野菜とハーブを入れて強火で沸騰させる。

※ 魚の出汁をとるときに大切なのは、アラの臭みを取ることです。特に頭の中のぬめりや、骨から出てくる血合いはできるだけきれいに取り除いてください。大きな魚であれば骨の髄も取りましょう。この作業をていねいにやると味がグンとよくなります。

2 沸騰したら火を弱め、コトコトするくらいの火加減(中火程度)に落とす。アクを取りながら40~60分ほど煮る。時間のあるときは、火を止めてそのままひと晩置く(夏は冷蔵庫に入れる)。

3 ザルでこして完成。味をみて、薄いようなら煮詰めたり、塩やしょうゆを足して味を調える。

Eintopf

[材 料] つくりやすい分量

魚の出汁…適量
玉ねぎ…1個
にんじん、セロリ…各1本
じゃがいも…1~2個
しいたけ…1~2枚
大根…3~4cm長さ
もち麦、押し麦、レンズ豆、蕎麦の実など（お好みで）…合わせて20g
オリーブオイル（またはバター）…適量
塩、こしょう、パセリのみじん切り…各適量
ライ麦パン…4枚
バター…適量

[つくり方]

1 玉ねぎ、にんじんは皮をむき、セロリは筋を取って角切りにする。しいたけは軸を取って1cm角に、大根は皮をむいて1cm角に切る。じゃがいもは皮をむいてサイコロ状に切り、水につけておく。

2 鍋にオリーブオイルを熱し、玉ねぎ、にんじん、セロリ、しいたけ、大根を入れ、塩をひとつまみ加えて炒める。野菜がしんなりしてきたら、出汁をひたひたになるくらい注ぎ、お好みでもち麦などの穀物類を加えて煮る。

3 沸騰したら火を弱め、コトコトするくらいの火加減で野菜がやわらかくなるまで20分ほど煮る。じゃがいもは完成する10分前くらいに加える。塩、こしょうで味を調える。

4 お皿に盛り、パセリを散らす。バターをたっぷり塗ったライ麦パンをのせる。

素朴なお皿が最近のお気に入り

最近、よく使うようになった楕円形のお皿があります。買ったのはもう20年以上前かな？　料理教室を始めたばかりの頃は、東京中の雑貨屋さんを歩き回って、自分の好みの食器やグラスを探していました。頻繁に通うお店はいくつもありましたが、その中のひとつが千駄ヶ谷にあったサザビーズ系列の広いインテリアショップ。このお皿もそこで買った記憶があります（104ページ参照）。

高価なものではなく、イタリアの田舎のキッチンが似合いそうな日常使いのお皿で、形は楕円形、ちょっとぽってりとして重みがあります。クリーム色の釉薬の上に、手書きでのせてある小さなブルーのドットが何とも言えず気に入っています。6枚持っているのですが、パスタなどを出すときの取り分け皿のつもりで買ったのでしょうか。ちょっと思い出せませんが、これまであまり使ってきませんでした。でも好きだったので処分することなく取ってあったのが、鹿屋へ引っ越してからは毎日のように盛り皿として使っています。大きさもちょうどよく、どんな料理にもよく合います。肉じゃがもいいし、チキンカツものせられるし、ロースト野菜だったり、ズッキーニのマリネだったり。テーブルの真ん中に、少し斜めに傾けて同じお皿を何枚も並べるととてもかわいい、最近のお気に入りです。

繰り返し作ることで料理が楽しくなる

鹿屋ではたくさんの食べ物をおすそ分けしてもらいますが、野菜や果物に限らず、いろいろな食材に出会います。先日はきれいに処理したイノシシの肉をもらいました。食材の買い出しも、日課のようにゴルフの打ちっぱなしに出かける夫が帰りに買い物をしてきてくれます。東京では魚を丸ごと一匹調理する機会は少なかったですが、鹿屋では当たり前のことになってきました。今まであまり料理をしてこなかった食材をいただく場合も多いので、必然的に作る料理も変わってきました。

ひとつは、無農薬米をいただいたこともあり、東京にいるときよりお米を食べる頻度が増えたことです。主食がお米になると、自然と和食を作る回数が多くなりました。特にこの冬は何度も煮物を作る機会があったので、おいしく作れるようになった気がします。以前のレシピは夫のお母さんに教わったもので、ずっと忠実に作っていました。でも、何度も作っていると自然と味つけのコツがつかめてきて、いろいろな食材でチャレンジするようになりました。桜島大根を使ってみたり、さつま揚げを出汁の代わりに入れてみたり。とにかく回数を重ねておいしく作れるようになると、また別の食材でも作ってみようという気分になります。

鹿屋にはアジのいりこがあって、鍋に入れて煮るだけでいい出汁が出ます。味つけのしょうゆとザラメの量もだんだん覚えて、目分量で味がきまるようになります。ここまでくると、新たなレシピを見ても素材の組み合わせのアイデアだけもらって、あとは自己流で煮物が作れるようになります。レシピを読み込んだり、研究しなくても料理ができるようになると、ストレスが半減します。とにかく繰り返し繰り返し作って、作り方が体に染み込んでくると、そこから急にクリエイティブな世界へ突入するようです。それまでは、やらなければならない〝雑用〟だったことが〝遊び・楽しみ〟に変わる瞬間です。

ドイツ人はことわざをよく使うのですが、祖父が言っていた中に〝Uebung macht den Meister〟という言葉があります。直訳すると「練習がマイスター（名人）を作る」という意味で、これは何にでも通じることですね。どんなことも続けていくうちに技術が身につき、楽しさを感じられるようになります。私の料理も少しずつ変化しながら、上手になっていけると嬉しいです。

それから、おいしいお豆腐屋さんを教えてもらって、以前よりも豆腐が好きになりました。東京のスーパーで売られている豆腐しか食べていなかった頃は、正直、好きでも嫌いでもありませんでした。でも、ここのお豆腐はタイミングよく買いに行くとまだ温かく、崩れそうなほどやわらかく、大豆の香りも残っていて最高においしいお豆腐です。新鮮で上質な食材が身近にたくさんあると、料理は自然とシンプルになって、素材そのものの味をより楽しめる食生活になったと思います。

4章

ご機嫌に過ごすためのトリセツ

ネット時代に新聞を購読する理由

たくさんの情報に囲まれている現代、必要な情報を取り入れながら余計なノイズに振り回されないためにはどうしたらいいのか、誰にとっても課題だと思います。私は大きな音やチラチラした映像があると気が散ってしまうタイプなので、スマホやパソコンの情報で疲れすぎないように気をつけています。

日常のニュースに関しては長年『The Japan Times』と『The New York Times』を定期購読しています。東京にいた頃は新聞を持ってカフェに行ったりしていましたが、鹿屋ではベランダに座って自分のペースで読むのが好きです。少し残念なのは、新型コロナウイルスの影響で『The Japan Times』は一部地方で家への配達ができなくなってしまったこと。鹿児島も該当地域になったため、今は新聞が東京から郵送されてくるスタイルです。そのため、新聞なのになんと4日遅れで自宅に到着。でもまあ、それはしかたありません。どちらにしても最新のニュースはテレビで知ることができるので、新聞では詳しく調べてある記事や社説、文化ページを楽しんでいます。

ニュースをスマホではなく新聞で読むメリットは、興味のないニュースも見出しだけは目に入ること。自分とは違う、いろいろなことを考えている人がいることを常に意識させられます。英字新聞を読むメリットとしては、日本や日本人が主体ではなく、外国人記者が書いている記事も多いので、別の視点に立った情報が読めること。発想がまったく違うことも多いのでおもしろいですよ。

情報に振り回されないために

インターネットやＳＮＳは遠くにいる友人たちと繋がることができてとても便利ですが、気になり始めるとほかのことが手につかなくなります。ですから、必要以上にチェックしないように気をつけています。自分がフォローしているネット情報は少なく、ニュースレターなどもなるべく登録しません。インターネットはどちらかというと、図書館や百科事典で調べるように、知りたいことがあれば検索するツールです。Wikipediaなどにはとてもお世話になっているので、少額ですが毎月寄付をしています。

情報がなんでも無料と思っていると、どうしても広告がたくさん入ってきてしまいます。私は自分にとって大事な情報には、お金を支払う必要があると思っています。だからテンミニッツＴＶやMasterClassというプラットフォームにはお金を払って登録し、参加しています。音楽もJAZZRADIO.comの年間契約をしていて、好きな音楽を夕食時にかけています。いずれも高いと思えば高いのかもしれませんが、広告はないですし、カルチャーセンターなどへ行ってもお金はかかります。お金を出すということは自分が一票を投じると思えばいいのではないでしょうか？　気持ちのよいお金の使い方をしたいですね。

最近、友人にすすめられてInstagramを初めて見ましたが、新しい写真がアップされるとフォロワーなど不特定多数の人にメッセージが届くと知って、なんだかプレッシャーを感じてしまいました。人の大切な時間に勝手に立ち入っているようで、心苦しいのです。それよりも細く長く続けてきたウェブサイトのダイアリーのほうが自分のペースに合っているようです。こちらは見たい人が見たいときに、自分の意思でアクセスしてくれます。私からリマインダーを出すことはありません。書く側ではなく、見る人に主導権があるというのが私にとっては心地いいとわかりました。でも、ダイアリーを書く私もかなりマイペース。週に一回は更新しようと思っています。もちろん何かあればもう少し頻繁にアップしています。お互い無理せず、ゆったりみなさんと繋がれたら嬉しいです。

とにかく情報に振り回されないことが大切ですね。情報は多ければいいというわけではありません。私にとっては、今も新聞が主たる信用できる情報源です。そこから広がって別の情報にも繋がっていきます。新聞で本が紹介されていて、興味のある内容だったら作者のことをインターネットで調べて本を買ったり、知らなかったアーティストやミュージシャンを知るきっかけになったり。海外の雑誌に書かれた記事についての紹介があれば、検索して読むこともあります。新聞もインターネットも、視野が広がる大切な情報源として活用しています。

空気を読まずにおしゃべりしよう

結婚して26年になりました。夫婦の数だけ夫婦間のスタイルがあると思いますが、私たちがここまで一緒にいれたのは、お互いによく話をするからだと思っています。日本ではあ・うんの呼吸が通じるのが理想の夫婦のように思われていますが、私はほとんどあり得ないと思います。夫が何を考えているのか、もちろん努力して想像はするけれど、それが正しいかどうかはわかりません。想像力を使ってお互いを思いやることも大切ですが、本当に大事なことはきちんと言葉にしないとトラブルの元になると思っています。

同じ文化で育ったのに、なぜこんなに通じ合えないのだろうと思うとき、これはお互いが言葉にしないコミュニケーションに気づかず、誤解や勘違いが重なっているのが原因です。たとえば最近、夫に「これいいね」という話をしたとき、夫は私が遠回りにそれが欲しいと訴えていると解釈していたことがありました。私はそんなつもりは全然なかったのでびっくり！　それ以降は自分の言い方にも注意し、ついクセで言ってしまったときは、きちんと言葉にして誤解を解く努力をしています。

文化人類学者エドワード・T・ホールの研究によると、日本はハイコンテクスト文化のため、お互いに当たり前と思っていることや共通理解の前提が多く、言葉数が少なくても理解し合える、空気が読めるということになっています。たしかに戦前の日本ならあり得たかもしれません。しかし多様化する今の世の中では、もっと言葉に頼る必要があると思います。

私と夫は、東京に住んでいた頃から週末にふたりで散歩するのが習慣でした。ドイツ人は散歩が大好きで、季節を問わず友人や家族を誘って散歩します。ドイツに住んでいた頃、食後に家族みんなで歩きやすい靴に履き替えて、近くの森や川沿いを歩きながら話した記憶があります。

夫だけでなく友人と散歩することもありますが、歩きながらおしゃべりするのがなぜいいかというと、カフェなどで向かい合って話すのと違い、お互い前を向いている から。相手の顔をずっと見ていると気を使ってしまうけれど、前を向いていると自分の想いを自然と話せるような気がします。友人とどこへ行ったか、頭にきたこと、最近読んだ本の話など。たわいもないことですが、ずーっと続けていると、お互いが日々考えていること、好きなこと、嫌いなことをなんとなく理解できるようになってきます。

そして、夫も私もひとりの時間や自分の友人との時間を持つようにしています。母はよく〝too much togetherness（一体感が強すぎる）〟という言い方をしますが、いくら仲良しでも一緒にいすぎるのはよくないようです。窮屈ですし、会話もマンネリ化しますから、よい距離を保つことが大切なのではないでしょうか。それぞれがやりたいことをして、会いたい人に会ったりできれば心は満たされ、お互いに優しくなれますし、話題もできて会話が弾みます。

最後まで助け合えるのが夫婦ですから、お互いを大事にしたい。だけど長年夫婦をしていても、夫はやはり他人です。長く一緒にいても、わかり合えないところもあります。よい関係を続けていくためには常に話し合い、できることは助け合っていくのが理想です。

会えなくても繋がっている

鹿屋へ引っ越してきてから、新型コロナウイルスの影響でなかなか人に会えない日々が続いています。すぐ隣の敷地に義理のお姉さん夫妻が住んでいるので、私たちは今まで通り行き来できているのがありがたいです。でもやっぱり、人恋しくなるときもあります。友人や家族と繋がりたいと思ったときは、やはりスマホとパソコンが救世主です。

友人とはLINEグループをいくつか作って、たわいもない話をしています。おいしかった料理のレシピを教えてもらったり、写真を送ったり。読書会のメンバーを集めたグループもあり、東京に住んでいた頃はお互いに本をすすめたり、数カ月に一回集まってランチをしながら本について語り合っていました。今は集まれませんが、オンラインで本をすすめたり、互いに郵送することは以前と変わらずにできています。今度オンライン読書会もしてみたいと思っています。

家族ともメールで繋がっています。先日は父から「今日はおじいちゃんの誕生日で生きていれば115歳だった」とメッセージが入っていました。それに対して妹が部屋に飾ってある祖父母の写真を添付してくれたり、母は私たちの知らない祖父との思い出話をしてくれて感激しました。顔を合わせていたら、もしかしたらできなかったことかもしれません。メールだからこその会話のように感じました。

個別には、父とは週に1~2回、電話で30分くらいおしゃべりをします。距離が離れているので意識して機会を増やしていますが、これはこれで悪くない感じです。声を聞けば相手の気分や体調が想像できます。逆に母とはメールでやりとりし、緊急時はテレビ電話を使っています。今は誰でもメールと携帯電話を持っているので、連絡もスムーズですし、鹿児島と東京の距離をまったく感じません。ドイツに住む妹とは、なんとオンラインで一緒に散歩しました。スマホ越しに見えるフランクフルトの景色と広い空、風を感じられ、まるでそこに一緒にいるようでした。すごいテクノロジーですね！

でもこんなときだからこそ、手紙をくれる友人もいます。先日はCRANEの便箋に万年筆で手紙を書いてくれた友人がいました。そんなときは急いでメールで返さず、葉書や手紙でお返事しています。普通郵便は時間がかかりますが、たまにはいいものです。SNSはいつも急いで返事をしなければならない暗黙のプレッシャーを感じますが、あえて時間をかけて気持ちを通わせることも素敵ですよね。私もときどき、ドイツに暮らす亡き祖父のガールフレンドだった女性に絵葉書を送ることがあります。ポストに手紙が入っていたら、やっぱり嬉しいですものね。

両親とのつき合いは、父と母別々に

両親と会うときは、ふたり一緒に会うのが当たり前と思っていました。できれば家族みんなで集まるものと漠然と思っていたのです。でも両親と3人で出かけることが何度かあったときに気がつきました。両親の間に座ってワインを飲んでいると、右から左から、父と母はそれぞれ別の話を私にしていたのです。今までなんだか疲れるな〜と思っていた原因はこれでした。

親だから、家族だからといって、いつも共通の話題があるとは限りません。同じことが好きとも限りません。ふたりは私の両親である前に一個人です。まったく違う環境で育ち、夫婦として仲良く暮らしてはいますが、考えてみたら性格も興味を持つことも違います。そこで、そのときから両親を別々に誘うことにしました。

父は人と話すのが好きで、繁華街が好きで、お酒が好き。日本橋の下町風情の中で育ち、私はその頃の昔話を聞くのが大好きです。実家は糸問屋をしており、お店を手伝ってくれる人も含め、いつもにぎやかな環境で育ったのだと思います。家の裏からは芸者さんが三味線を練習する音が聞こえていたとか。そんな父とはサラリーマンの聖地、新橋にあるような昔ながらの居酒屋へ行きます。

居酒屋では、まずは瓶ビールと夏は枝豆。板わさもいいですね。アジのたたきをいただきながら、次はぬる燗。年上の店員さんにも「お姉さん」と声をかけている父を見ていると、勝手知ったる心地いい空間なんだろうな〜と思います。ほかにも、昔ながらの風情が残る神田や有楽町に出かけるのが好きです。昭和にタイムスリップしたような気分になり、懐かしく穏やかな時間が流れているように感じます。父との会話は私の仕事の話、父の家族や友人、下町の話など。人との繋がりやご縁を大切にする父から教わることはたくさんあります。

そんな父との時間に対して、母とのお出かけは数年前から〝カルチャーデイ〟と呼んでいます。せっかく展覧会などが多い東京に住んでいながら、意外と逃してしまうイベントも多いと気がついたため、ふたりで「行きたい展覧会があれば一緒に出かけよう！」というのがきっかけでした。根津美術館の展覧会に行ったり、庭園の季節の花を愛でたり、コンサートへ出かけたり。たまに買い物の用事で相談したいときに一緒に出かけることもあります。素敵なカフェでランチしたり、テラス席でお茶をしたり、おしゃべりが楽しみの中心です。母との会話もやはり昔話。日本へはじめてきたときの印象、戦後のドイツの話。老後をどう豊かに暮らしていくべきか、祖父が言ったヒントになる言葉など。これからの自分の人生にとっても役立つ内容ばかりです。

大切なのは、父も母も個人として尊重すること。親だから、家族だからと甘えるのではなく、ひとりの人間とつき合っているという意識ではないでしょうか。そう思っていればお互いにそれなりの気遣いをしますし、親子であっても気持ちよく大人のつき合いができると思っています。

心が解放されるひとり時間

友人や家族と一緒にいるのも好きですが、ひとりの時間も大好きです。コロナ禍のなか鹿屋へ引っ越し、今は料理教室もできないので以前より時間がたっぷりあります。平日の朝からひとりでコーヒーを飲みながら新聞を読んだり、夕食後に本を読んだり。以前は疲れて休みたい、ゆっくりしたいと思っていましたが、気持ちに余裕ができたようです。

せっかくできた時間と気持ちの余裕。それをどう有意義に使うか考えました。まずやりたいのは家の整理。引っ越ししてやっとすべてのものが一カ所に集まったので、整理しやすくなりました。毎日気になる場所をのぞいて、何かを捨てたり、ひと工夫を施すと、小さな達成感があります。でもまあ、これはきっと一生続く作業でしょう。

新しくやってみたいことはガーデニングです。今回の引っ越しで本棚を整理してびっくり！　庭を持ったこともないのに、なぜこんなにガーデニングの本があるかと、我ながら笑ってしまいました。よっぽど憧れていたのでしょうね。でも、どこから始めたらいいのかわからないので本を読んだり、素敵な庭の写真を眺めたり、芝生の手入れについての動画を観てみたり、今はイメージをふくらませて楽しんでいます。先日はライラックを植えてみました。祖父の葬儀のためにドイツへ行ったとき、そこらじゅうに咲いていた、思い出の花です。本来は寒い地域に育つ木ですが、最近は温暖な場所でも育つように品種改良もされているようで、チャレンジしています。

そしてガーデニングといえば、やっぱり自分で野菜も育ててみたいと思っています。今年は簡単そうなラディッシュと、にんじんと、じゃがいもを植えました。いきなり失敗だと挫折してしまうので、とにかく失敗しそうにないものからスタート。でも庭仕事はちょっと遠慮気味にやっています。なぜなら、長年野菜作りをしてきたお姉さんや夫に見られるのが恥ずかしいから。本当は誰にも見られずにひとりでやって、ひとりで失敗して、覚えていきたいタイプなのですが、そんなことも言ってられません。

そして、せっかく身近に先生がいるのだから、わからないことは聞くようにしました。時間のあるときは庭の中を歩き回って、季節や時間帯による日当たりの変化を観察しています。

ひとり時間の魅力は、とにかくすべてを自分で勝手に決められることですよね。人と一緒にいると、それが家族であってもいつも自分の思う通りにはなりません。誰といたとしても、会話や決め事においてどちらかが主導権を持つことになります。相手に合わせないといけなかったり、自分の思うようにしたいときは主張してみたり。意外と駆け引きがあるものです。でもひとりなら、どんな本を読もうが、最後から読もうが、字を読まずに絵だけ見ようが、1ページで「あ～つまらない」と言って別の本を手に取っても、誰も何も言わないし、評価する人もいません。ひとり時間は心が解放される、**心地よい時間**なのです。

言葉で伝え合うことの大切さ

周囲に気の合う友人や支えてくれる家族がいるのに、突然無性に悲しくなって、気持ちがズドンと落ちることがあります。若いときは自分を責めたり、責める人を探してみたり、タイミングのせいにしたりしていました。悲しさがいつの間にか怒りに変わり、自分で自分を疲れさせていました。でも今は、もうそんなことはしません。余計なことを考えずに、悲しいときは泣けばいいのです。涙があふれて、落ち込んでも、反応しないで待っていると、いつの間にか悲しさや悔しさは過ぎ去っていくことに気がつきました。感情は誰にでもありますが、でもそれは一時だけのこと。どんな感情も自分の中にずっと留まることはなく、流れていくようです。

私は普段、何か頭にくることがあっても「ここでムダなエネルギーは使いたくない」と心の中で念じています。怒らないで流す流す……と思うのがコツです。ときどき、相手が何か間違えると怒鳴る人もいますが、それでは何の解決にもならないし、相手も委縮してしまいます。それよりも私は「あぁ、この人はこれを知らないのね」と思うようにすると、自然と思考が「それじゃあ、しかたないか」となって相手を許せるようになるのです。5秒だけぐっと我慢すれば、怒りはどこかへ去っていきます。

しかし相手がいて、しっかりとした理由もあって頭にきたことがある場合は、自分の意見をはっきりと言うべきです。日本は感情を見せないことがよいとされる文化ですが、ドイツは日本と違って怒りや悲しみのなどの感情を隠さないことは、むしろ人間らしいと評価されます。特に長くつき合う家族や友人に素直な感情を見せるのは大切なこと。互いの感情をぶつけ合い、受け入れる、それがコミュニケーションのツールになっています。

日本は気遣いの文化が発展したため、感情を見せなくても相手が気づいてくれると思ってしまいます。〝言わぬが花〟ということでしょうか。もちろん西欧でも、ときと場合によって言わないほうがいい場面もあります。でも一般的には、何も言わないのに相手がわかってくれないと不機嫌な態度をとるのは、子どもっぽい対応と見なされます。小さな子どもであれば、自分がどうしたいのか、どうしてほしいのか、自分でもわからないかもしれないし、相手にうまく伝えることができません。それに対して、自分の意思をしっかりと言葉で表現できる、それが大人というものなのです。言葉による対話をするということですね。私も含め、日本人は苦手な分野だと思います。

しかし、考え方や生き方が多様化した現在は、言葉にしなければわからないことが多いと思いませんか？　慣れない人にとっては大変に聞こえるかもしれませんが、逆に考えれば、多様化したということは、私たちも自由にしていいということです。だからこそ、きちんと言葉にして相手に伝えましょう。これからとても大事になるスキルだと思います。

ちょっとした楽しみを作って毎日をご機嫌に

コロナ禍で外出する機会が減り、家で過ごす時間が増えました。家時間も好きだけど、日々のルーティーンだけで過ごしていると、ちょっとつまらないと感じてしまうことはありませんか？　そこで私は日常にメリハリをつけるため、小さな楽しみを作ることにしました。

たとえば、土曜日の夜は寅さんの日！　『男はつらいよ』はいつも似たようなストーリーで、結局寅さんはフラれてしまうという残念な結末ですが、それがまた、この映画を安心して楽しめる秘訣でもあるのでしょうね。映画の中の美しい地方の景色。人情味あふれる昭和の風情と家族。いつも優しいさくらさん。飽きることがありません。夫婦で笑って、泣いて、楽しんでいます。

夫はお酒が飲めませんが、その代わりに甘いものが大好きです。朝は朝食の前に濃いお茶を入れて、甘いものと一緒にいただくのが実家にいたときからの習慣。だからでしょうか、旅行先のホテルではパンケーキやワッフルを注文することが多いです。旅に出られない今だからこそ、気が向いた週末にはpancake breakfastを作ることにしました。朝からパンケーキの生地を混ぜるのは、寝起きの悪い私にとってはつらいので、前日の夜に材料を計量し、お皿やマグカップなども出しておきます。こうしておけば、朝ちょっと寝ぼけていても、生地を混ぜるだけで簡単にパンケーキが焼けます。私がパンケーキを焼いている間に夫はコーヒーを淹れてくれます。同じパンケーキでも、変化をつけるためにメープルシロップをはちみつに変えてみたり、季節のフルーツを添えたりして楽しんでいます。

夫が甘党なのに対して、私の楽しみは夜のビール。お酒が飲めない夫は居酒屋のようなところで外食するのは好きではありませんが、たまに私を喜ばせるために地元の「黒ぢょか」に連れて行ってくれます。ここは鹿屋で人気のおでん屋さん。しょうゆベースのつゆでやわらかく煮た大根や昆布など、たくさんの具材がおいしいのはもちろろん、甘めの味噌だれで煮込んだナンコツと豚バラ肉が名物です。ビールは2杯までと決めていて、飲みながらあれこれ好みの具材を選んでお腹いっぱいいただきます。ダラダラするのが嫌いな夫に合わせ、1時間も経たないうちに切り上げて帰りますが、それでも何ものにも代えがたい楽しみなひとときです。

5章

自分らしく考える“これからの暮らし”

料理を通じて人が繋がる場をつくりたい

現在54歳、これからの10年を考えると、まだまだ元気なのではないかと自分に期待しています。計画するのは得意ではありませんが、流れにまかせて今まで積み上げてきたことをこの場所で新しく形にできたら、そんな幸せなことはないと思っています。

心理学の世界では「nature vs nurture（生まれか育ちか）」の議論が長く続けられているようですが、それによると人の性格の半分は生まれ持った素質からくるもので、後の半分は育った環境で決まるといわれています。私の生まれ持った性格がどうなのかはよくわかりませんが、育った家庭が転勤族だったため、数年ごとに違う場所に住んでいました。自分で何かを計画するよりも、置かれた場所でどうにか対応することで精いっぱい。だからなのでしょうか、よくも悪くも計画性のない人間になりました。

でも一方でよい点もあり、観察することが得意になりました。どんな環境でも、その場の雰囲気をくみ取って溶け込める自信がつき、それぞれの場所で人と繋がり、自分の居場所をつくってきました。

鹿屋へ引っ越しする際、「東京からよくそんな田舎に行ったね～」と言われることもありましたが、私にとっては特に違和感はありません。夫の実家がたまたま鹿屋だったため、ここが私の新しい生活拠点になりました。そして、あることに気がついたのです。もしかしたらここに住むことになったのは運命なのかも、と。

私は30年前に会社をつくりましたが、会社名はCooking Holidays。由来はコルドン・ブルーのときの友人と行ったイタリアへの卒業旅行で、これがまさにクッキングホリデイだったのです。イギリス人を中心に20人のグループでイタリアの田舎の民家に一週間、宿泊しながら料理を楽しみました。朝食の後、午前中はマーケットへ買い出しに行き、シェフに習いながらみんなでランチを作りました。そして、中庭に並べたテーブルで一緒に食べるのです。食べ物が好きな人が集まっているので初対面でも話が弾み、とても楽しいひとときでした。ピザ職人と一緒にピザを焼いたり、ワイナリーに行ったりするイベントもあり、日本人にもこんなスタイルの旅を紹介したいと思って会社をスタートしました。

でも、当時はこのようなスタイルの旅は珍しく、なかなか理解してもらえず、そのうえ少人数の旅だったのでとても高い料金になってしまいました。たくさんの方の協力を得て、イタリア、ドイツ、香港、タイへのクッキングホリデイを企画して行くこともできたのですが、赤字が続いたため途中であきらめました。そして、その後は自宅で料理教室を始め、現在も続けています。

今になって気がついたのは、日本からわざわざ海外に行かなくても、都会に住んでいる方に鹿屋にきてもらい、一緒に農家をまわったり、いろいろな生産者に会って、食材を仕入れ、みんなで料理して食べる！　もっと身近なクッキングホリデイができるのではないかと期待しています。

料理教室ができるスペースも作ったので、これから10年かけてこの計画を軌道にのせ、たくさんの方に集まってもらって、みんなで楽しい時間を過ごせたら、そんな幸せなことはないと思っています。地元の方はもちろん、東京で知り合った生徒さんにも遊びにきていただきたいです。いろいろな人が料理をきっかけに集まり、繋がって、おしゃべりをする。お互いの人生経験を語り合い、それぞれに視野を広げていく。寄り添い、励まし合って、「いろいろな人がいるから人生はおもしろい！」と思えるような、ここがそんな場所になってくれたら本当に嬉しいです。

快適な空間で始めるタニアキッチン

鹿屋では、家の敷地内に料理教室ができる建物を建てました。もともと夫の実家があり、義理の両親が亡くなった後も夫のお姉さんが毎日家にきて仏壇のお世話などをしてくれていました。また、法事やお盆など家族の年中行事は実家に集まっていました。思い出のある家だったので、できるならリフォームしたいと考えましたが、古い木造建築は維持が大変なこともあり、残念ながら取り壊すことになりました。

新しく建てるときに考えたのは、まず「そこで何をしたいのか?」ということです。料理教室がしたいのと同時に、以前のように家族が集まって餅つきや団子づくりなどをできるスペースにしたい。また、亡くなったお母さんのもろ蓋や餅つき機など、料理道具もたくさんあるので、収納スペースもつくりたいと考えました。

そうしてできたのが、日当たりのよいオープンなダイニングリビングキッチンです。東京で住んでいたマンションのダイニングリビングのイメージと、鹿屋の家のアイランドキッチンを合体させたような部屋になりました。キッチンは快適に料理教室ができるよう、ちょっとモダンですっきりとした清潔感のあるドイツ風に仕上げました。ポイントは掃除しやすく、清潔な状態を維持しやすいこと。そして、生徒さんがたくさんきても、みんながゆったりと動きやすいことです。リビングには東京のマンションで使っていたソファと椅子、サイドボードと母の台所ダンスを持ってきました。ダイニングテーブルだけ、この空間に合わせて8人がゆったりと座れるサイズのものを注文しました。

ここでも快適に過ごせることが大切と考え、新しく床暖房を設置しました。もともと日当たりのよい部屋なので、冬はとても快適です。また、夏用にエアコンもつけましたが、広いワンルームで各方角に窓をつけているので、窓を開ければ風通しがよくて夏も気持ちよく過ごせます。

建物は２０１９年に完成し、お披露目を経て２０２０年2月に料理教室をスタートさせました。計４回実施しましたが、その後はコロナ禍の影響で残念ながらお休み中です。またみんなが安心して集まり、会食できるようになったら教室を再開したいと思っています。それまでは、庭づくりを考える時間を与えてもらったと思ってKitchen Gardenのことを考えています。

お姉さんに教わる鹿屋の暮らし

新しい教室はひとりではとてもできないので、隣に住むお姉さんにいろいろと手伝ってもらって、料理教室のときにはアシスタントをお願いしています。運よく、お姉さんは料理がとても上手で、部屋づくりが大好きで、骨董も好き。そういうところではふたりの話はよく合います。お姉さんと私は同じ干支で、ひとまわりの年齢差があります。それがちょうどよかったのかな？ 私が好き勝手にあれこれ話していても、嫌な顔もせず「まあまあ」と聞き流してくれていることがたくさんある気がします。どんな人間関係でもそうですが、私はとにかく一緒に過ごして話をたくさんすることが、自分を知ってもらったり、お互いを知る方法のような気がしているので、いつも思ったことをしゃべっています（迷惑でないとよいですが……）。人それぞれに考え方があると思いますが、自分が思う最善の努力をしていきたいと考えています。

和食については、お姉さんが私の一番の先生です。家族や鹿児島の年中行事のことも、いつもお手本を見せてくれます。また、地元の人の考え方についても、私がわからないニュアンスを教えてくれて、とても助かっています。

そしてもうひとつ、畑仕事の先生でもあります。料理教室の大きな窓からはお姉さんの畑がちょうど目の前に見えるので、タニアキッチンのオープンに合わせてお姉さんが畑の植えつけをしてくれました。数カ月先を想像しないといけない庭のデザインは、たくさんの条件を予想しながらつくる大変な作業です。それを考えるだけでも、私はめまいがします。でも、これからもお姉さんにいろいろと教わりながら少しずつ続けていれば、私もいつかそんな畑がつくれるかな、と期待がふくらみます。

コロナ禍で感じた〝当たり前の喜び〟

2020年は新型コロナウイルスで大変な一年となりました。思うように動けない日々でしたが、その中で気づけたこともあります。

感染が拡がり始めて半年くらい経った頃、周囲で風邪をひいている人が少ないと気がつきました。そのことを母に話し、「やっぱり手洗いやうがいをするから風邪もひきにくくなるんだろうね」と言ったら「それもあるけど、やっとみんな、きちんと休むようになったのよ」という返事が返ってきました。確かに。現代の日本人の生き方はとにかく慌ただしくて、目の前のやらなければならないことで精いっぱい。求められるうちが花、というわけではありませんが、私もそんな感じでここ数十年走ってきた気がします。みんな寝る間も惜しんで、働いて、遊んできました。風邪薬やエナジードリンクのコマーシャルを見ると、忙しいのが一番、休んではダメ、という潜在的なメッセージが見受けられます。

それにくらべて、母の出身のドイツはもう少しゆっくりとしたペースで時間が動いています。日本のように残業はしませんし、両親とも普通の時間に帰宅できるので家族みんなで夕食をとります。家族揃って長期休暇もとります。私も毎年ひどい風邪をひいていましたが、今年は元気です。無理はよくないし、意味がありません。今後も休む時間、働く時間をもう少し意識して、メリハリをつけて時間を使うように心がけたいと思いました。

もうひとつ、今までどれだけ自由であったかをあらためて実感しています。好きなときに好きな場所へ移動できていたのが嘘のよう。母はドイツへ帰国したいけれど、いつ日本へ戻れるかわからないので我慢しています。当たり前と思っていた自由が続くとは限らないのですね。現在でも移動が制限されている国があることも意識させられました。

でも、あちこち移動するのが幸せかどうかも考えさせられます。東京のマンションをたたんで鹿児島へくることになり、以前よりも家で過ごす時間が増えました。考えてみると、昔の人はこうして一生を過ごしていたのですよね。ここが自分の暮らす場所で、コミュニティ。そう思えば、行動範囲が狭まって、エネルギーを集中して注ぐことができます。遠いところにある幸せを探すのではなく、近くにある幸せに目を向けることができた気がします。ベランダでゆっくりお茶をする時間。庭を見回って、昨日まで咲いてなかった花を見つけたときの小さな喜び。東京にいた頃より、そういうものに目を向ける余裕ができました。

新型コロナウイルスが収束したら、またいろいろなところへ行きたい、その気持ちは変わりません。でも、もしかしたらこれからの旅は今まで以上に喜びがあるかもしれません。それが当たり前でないと知ることができたのですから。

どう生きるかはいつも自分で決める

これまでを振り返って感じるのは、あっという間だったということ。若い頃、大人が「人生は早いよ、やりたいことをしなさい」と言っていたのを思い出します。でもそれは今になってやっと理解できることで、経験してみないとわかりません。20代、30代、40代はとにかく忙しく、日々をこなすことで精いっぱいでしたが、自分なりに充実した日々を送れたのではないかと満足しています。ただ、後悔がないと言ったら嘘になります。子どもがいたらどんな人生だったのかな、と思うことはありますが、それはもうどうしようもありません。その代わり、身近にいる若い人たちと繋がりを持って、いろいろな話を聞くのが楽しみです。

そして、ターニングポイントとなったのは、ロンドンでコルドン・ブルーに通ったことです。証券会社に勤めていたときは仕事が好きになれず、苦しいけれど変える勇気もなく時間ばかり経っていました。しかし、夫の留学で行ったロンドンで偶然通うことになり、これがきっかけで生きる道が大きく変わりました。料理の基礎をきちんと勉強したことで自信がついたのもあるでしょう。どんな分野でも、やはり勉強は大切ですね。そこから料理の仕事を始め、ライフスタイルに関することにも発展し、今に繋がっています。当時はこんなふうになるとは思わず、計画していたわけでもありませんが、振り返ってみるとよい選択をしたと思います。

人生を生きるのは、誰もがはじめてのこと。そんな中、自分なりに考えて一つひとつ決断していくしかありません。それぞれのときに、それなりに考えて決めてきた人生。自分の選んだ道に納得してハッピーでいるしかないと思うのです。何もしないで過ごすのも、何かをスタートして頑張るのもその人次第。自分が後悔しないようにこれからも生きたいですね。チョイスは常に自分にあるのです。

これからも幸せに過ごすために

人生100年時代、思ってもみなかった夢のような長い時間。どうやって心穏やかに過ごせばいいのか、母ともよく話し合うテーマです。

母は昔から、自分の親と祖父母が当時としては長生きだったことから、自分もきっと同じように長生きするだろうと予想しています。何をするにしても「90歳まであと何十年もあるから」と、いろいろなことをしてきました。マンションのリフォームも自分で積極的に業者とやりとりしていましたし、20年近く経った最近もまた、部屋を変えようとしています。高齢になった自分たちが過ごしやすいように工夫するだけでなく、家で過ごす時間がますます増えるから、見た目にも心地いい家にすることが大事と言っています。テレビ電話で話していると、「あなたの後ろの壁の色、素敵ね〜。私もダイニングの壁の色を明るくしたいわ！」ですって。先日もインターネットで素敵な絨毯が買えるショップを見つけていました。本当にいつも前向きです。

また、ドイツの祖父はこんな話をしてくれました。祖父母は年に2回、スペインにある小さな別荘に出かけるのを楽しみにしていましたが、祖母が認知症になり、家に引きこもりがちになりました。家で何もせず過ごしていたら友人に誘われ、思い切ってスペインに行ってみたそうです。滞在中は不安に思いながらも、お気に入りのレストランに行ったら、祖母は大好きなスープを飲み干し、何事もなく食事を楽しんだそうです。後になってそのことを話してくれた祖父は、「僕たちは家で何をグズグズ待っていたんだろう」と言いました。ただ待っていても何も始まらないし、よくもならない。すべてを理解できなくても、祖母は太陽の光が降り注ぐベランダで日向ぼっこをするだけで幸せだったんだよ、と。

いろいろな場面でできないと決めつけてはいけないんですよね。高齢でも、体が思うように動かなくても、チャレンジすることが大事だということ、自分をハッピーにできるのは自分だけだということ。祖父母と母からの教訓だと思っています。

門倉多仁亜（かどくら・たにあ）

1966年生まれ。ドイツ人の母、日本人の父をもち、ドイツ、日本、アメリカで育つ。国際基督教大学を卒業後、外資系証券会社に入社。東京、ロンドン、香港で勤務する。結婚後、夫の留学のために再びロンドンへ。長年興味のあった料理とお菓子を学ぶために、ル・コルドン・ブルーへ入り、グラン・ディプロムを取得する。帰国後、料理教室をはじめ、現在は鹿児島県鹿屋市在住。雑誌や書籍などで料理やドイツのライフスタイル全般を紹介する仕事をしている。著書に『ドイツ式暮らしがシンプルになる習慣』『365日の気づきノート』（ともにSBクリエイティブ）など多数。

心地よく、ていねいに、ゆとりを楽しむ これからの暮らし方

2021年4月1日　初版第1刷発行

著　者　門倉多仁亜
発行者　久保田榮一
発行所　株式会社扶桑社
〒105-8070
東京都港区芝浦1-1-1
浜松町ビルディング
電話　03-6368-8870（編集）
03-6368-8891（郵便室）
www.fusosha.co.jp
DTP制作　アーティザンカンパニー
印刷・製本　株式会社 加藤文明社

※定価はカバーに表示してあります。
※造本には十分注意しておりますが、乱丁・落丁（本のページの抜け落ちや順序の間違い）の場合は、小社郵便室にお送りください。送料は小社負担でお取替えいたします（古書店で購入したものについてはお取替えできません）。

Printed in Japan
ISBN978-4-594-08752-4